© 2023, Yannick BUTTIGNOL
Édition : BoD - Books on Demand,
info@bod.fr
Impression : BoD – Books on Demand,
In de Tarpen 42, Norderstedt (Allemagne)
Impression à la demande
ISBN : 978-2-3225-0450-3
Dépôt légal : Octobre 2023

Contenu

Cher ami(e),

Permet-moi de te raconter une histoire qui, je l'espère, t'inspirera et te montrera que le succès peut naître des endroits les plus improbables.

Après le divorce de mes parents, j'ai grandi dans un quartier populaire, un endroit où la pauvreté était souvent plus présente que l'espoir. Le monde du travail semblait lointain, compliqué, presque inatteignable. Mais j'ai découvert que les rencontres humaines et la résilience sont des phénomènes puissants, capable de surmonter les obstacles les plus ardus.

Mon chemin m'a conduit vers ma passion, le sport. Je me suis battu pour obtenir un diplôme dans ce domaine qui m'animait profondément. J'ai ressenti l'excitation de la victoire et la déception de l'échec, mais j'ai appris que chaque expérience façonne notre compréhension du monde.

Là où le véritable changement a eu lieu, c'est lors de rencontres avec des experts en psychologie, des éducateurs, des médecins. Ces réunions m'ont ouvert les yeux sur la richesse infinie de l'être humain. J'en suis devenu passionné, assoiffé de comprendre ce qui nous motive, ce qui nous limite, et ce qui nous élève.

Aujourd'hui, je suis fier de dire que je suis à la tête de mon propre organisme de formation certifié, reconnu par l'État pour la qualité de son processus. Cela pourrait sembler être le sommet de mon parcours, mais je ne le vois que comme un nouveau départ.

La morale de cette histoire, c'est que peu importe d'où tu viens ou les obstacles que tu rencontres, la résilience et la passion peuvent te propulser vers des sommets inimaginables. L'humanité est une source inépuisable de découvertes, d'apprentissage et de croissance. Ne cesse jamais de t'émerveiller devant le potentiel de chaque individu, y compris le tien.

Alors, quelle que soit ta quête, poursuis-la avec cœur et détermination. Ton parcours peut être le prochain à inspirer d'autres âmes en quête de leur propre réussite.

Avec toute mon amitié,

Yannick B.

Avant de plonger dans les pages de ce livre, je tiens à te présenter son concept unique. Ce n'est pas un livre ordinaire, c'est un compagnon vivant, comme toi. Tu n'y trouveras pas de discours complexe ou de termes pompeux.

Non, ici, nous allons droit au but, en utilisant des petites phrases, faciles à lire, et en se tutoyant. Ce livre, c'est comme un ami qui te parle, te conseille, et te guide vers une insertion socio-professionnelle sereine et épanouie.

Tu sais quoi de plus génial ? Tu peux surligner, annoter, écrire dans les marges, car ce livre est vivant, tout comme toi. Il s'adapte à tes besoins, à tes réflexions, et à tes rêves.

Alors, que tu sois jeune, moins jeune, ou simplement quelqu'un en quête d'une insertion socioprofessionnelle épanouissante, ce livre est fait pour toi.

Laisse-toi guider, dans ce voyage à travers les thèmes essentiels de la vie professionnelle. Prêt à découvrir des conseils simples mais puissants pour réussir dans ce monde en constante évolution ?

Environnement Familial

CHAPITRE

01

Reconnaître l'impact de la famille sur le développement.

Ton Chez Toi, Ta Famille :

Alors, commençons par le début, avec ta famille. Ouais, je sais, parfois, c'est la source de tes plus grandes joies et de tes plus grands soucis. Mais devine quoi ? Ta famille, c'est aussi ton socle, ton point de départ dans ce vaste monde.

Tout d'abord, reconnaissons quelque chose : ta famille, ça peut vraiment influencer qui tu deviens. Les valeurs, les croyances, les traditions, tout ça, ça prend racine à la maison. Si ta famille est super ouverte d'esprit et encourage la curiosité, tant mieux pour toi. Mais même si ce n'est pas toujours le cas, tu peux quand même grandir et évoluer.

L'impact familial, c'est comme des notes de musique. Certaines sont douces, d'autres plus fortes, mais elles composent toutes la mélodie de ta vie. Les erreurs, les réussites, les moments difficiles, tout ça forge ta personnalité. Alors, embrasse tes expériences familiales, même les plus bizarres, car elles font de toi la personne unique que tu es.

Et devine quoi ? Tu as aussi le pouvoir de changer la mélodie. Si tu veux devenir plus indépendant, tu peux le faire. Si tu veux briser des schémas familiaux qui ne te correspondent pas, fais-le. Tu es le chef d'orchestre de ta propre symphonie.

Alors, petit conseil : écoute attentivement, apprends de tes proches, et n'aie pas peur de te diriger vers la mélodie qui te ressemble vraiment. C'est ton histoire, après tout, et tu en es l'auteur.

On a encore plein de trucs cool à explorer, alors continue avec moi, et on va voir comment ta maison et ton environnement peuvent devenir de véritables atouts dans cette grande aventure de l'insertion socioprofessionnelle.

Conseils pour des Relations Familiales Saines :

Ok, parlons sérieusement. Ta famille, c'est précieux, même si parfois ça peut être compliqué. Mais tu peux absolument faire en sorte que ces relations restent saines et positives. Voici quelques conseils pour t'aider à garder un bon équilibre :

1. La Communication Honnête : Parler ouvertement, c'est la clé. Exprime tes sentiments, tes préoccupations, tes joies. Et n'oublie pas d'écouter aussi.

2. Le Respect Mutuel : Chacun a son propre point de vue. Accepte que tu ne seras pas toujours d'accord avec tout le monde. Le respect mutuel, ça veut dire accepter les différences.

3. Les Moments de Qualité : Passer du temps ensemble, ça renforce les liens. Que ce soit un dîner en famille, une balade, ou même une soirée jeu de société, ça compte.

4. Fixe des Limites : Parfois, il faut savoir dire "non" quand tu as besoin d'espace ou que tu es débordé. Les limites sont importantes pour te préserver.

5. Pardonne et Oublie : Les erreurs arrivent. Si quelqu'un fait quelque chose de mal, essaye de pardonner.

6. Aide en Temps de Besoin : Si quelqu'un de ta famille traverse une période difficile, propose ton aide.

7. Évite les Jugements : Personne n'est parfait. Évite de juger trop vite. Sois compréhensif et soutenant.

8. Rappelle-toi que l'Amour est Inconditionnel : Même si ça peut sembler cliché, l'amour de la famille est généralement inconditionnel. C'est une ressource précieuse à laquelle tu peux toujours revenir.

Alors, voilà, la famille, c'est un peu comme une équipe. Elle peut avoir ses hauts et ses bas, mais en général, elle est là pour toi. Si tu fais des efforts pour maintenir des relations saines, ça peut vraiment t'aider dans ton parcours vers l'âge adulte.

Et en foyer...

Ok, je sais que vivre en foyer peut parfois sembler un peu compliqué, surtout quand il s'agit de relations. Mais écoute-moi bien, parce que je vais te parler de l'importance des relations saines, à la fois avec les éducateurs et les autres personnes en difficultés.

Relations Familiales en Foyer :

Alors, ta "famille" en foyer, c'est un peu comme une deuxième maison, non ? Et tu sais quoi, les relations que tu développes ici sont vraiment importantes. Voici pourquoi :

1. Soutien et Amitié : Les autres personnes en foyer peuvent devenir tes amis proches, ceux sur qui tu peux compter quand tu as besoin de parler, de jouer ou de partager des moments sympas.

2. Apprentissage : En vivant avec d'autres huamins, tu apprends à gérer des situations, à résoudre des problèmes, et à vivre en harmonie avec différents types de personnes. Ces compétences te seront utiles toute ta vie.

3. Soutien Émotionnel : Parfois, tu peux traverser des moments difficiles en foyer. Les relations familiales saines t'aident à gérer le stress, à te sentir soutenu, et à trouver des solutions ensemble.

Relations avec les Éducateurs :

Maintenant, parlons des éducateurs. Ils sont là pour t'aider, te guider, et te soutenir dans ton parcours. Voici pourquoi ces relations sont précieuses :

1. Soutien Éducatif : Les éducateurs sont là pour t'aider à réussir, à planifier ton avenir, et à développer des compétences importantes.

2. Confiance : Les éducateurs peuvent être comme des références pour toi. Tu peux leur faire confiance pour t'aider à prendre de bonnes décisions et à te fixer des objectifs.

3. Soutien Émotionnel : Si tu traverses des moments difficiles, les éducateurs, les psychologues, sont là pour t'écouter, te conseiller, et te soutenir. N'hésite jamais à leur parler.

Maintenant, ce qu'il faut retenir, c'est que les relations saines, que ce soit avec les autres ou les éducateurs, sont basées sur le respect mutuel, la communication ouverte, et le soutien.
Il est normal d'avoir des désaccords parfois, mais la clé, c'est de les résoudre de manière constructive, en écoutant les autres et en exprimant tes propres besoins et sentiments.

Alors, n'oublie jamais que tu fais partie de cette "famille" en foyer, et que les relations que tu développes ici peuvent t'aider à grandir, à apprendre, et à réussir. Reste ouvert, communique, et n'aie pas peur de demander de l'aide quand tu en as besoin. Tu es entouré de gens qui veulent t'aider à réussir, détecte les. Continue à apprendre et à grandir, car tu as un avenir prometteur devant toi.

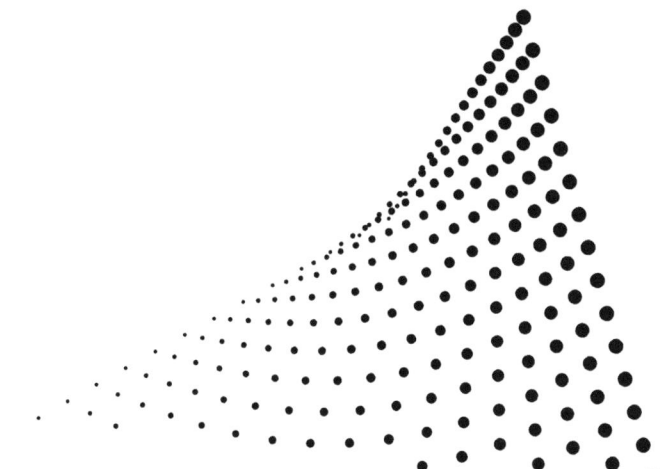

Passe aux défis

Voici quelques jeux et défis amusants que tu peux utiliser pour renforcer les liens avec tes proches et ta famille :

1. Challenge du "Déconnecté" : Organise un défi où tu mets de côté tes appareils électroniques (smartphone, tablette, ordinateur) pendant une période déterminée. Cela pourrait t'encourager à avoir des conversations plus profondes et à passer du temps de qualité en famille.

2. Soirée de Jeux de Société : Organise une soirée jeux de société en famille. Choisis des jeux adaptés à tous les âges et passez une soirée à rire et à jouer ensemble.

3. L'Arbre Généalogique : Crée ensemble un arbre généalogique de ta famille. Recueille des informations sur tes ancêtres et discute de tes racines familiales. C'est une excellente façon de mieux te connaître.

4. Défi de Recettes en Famille : Organise un défi de cuisine en famille où chaque membre doit cuisiner un plat ou un dessert particulier. Ensuite, dégustez vos créations ensemble.

5. Chasse au Trésor Familiale : Crée une chasse au trésor avec des énigmes et des indices. Les membres de la famille travaillent ensemble pour résoudre les énigmes et trouver le trésor caché, une expérience amusante à partager en famille.

6. Histoires de Famille : Chaque semaine, demande à un membre différent de la famille de partager une histoire de sa vie. Choisis un souvenir drôle, une expérience d'enfance, ou un moment important à partager avec les autres.

7. Échange de Compétences : Organise une journée où chaque membre de la famille enseigne aux autres une compétence ou un passe-temps qu'il maîtrise. Que ce soit la cuisine, la danse, la peinture, ou tout ce qui vous passionne, c'est l'occasion d'apprendre les uns des autres.

8. Défi de Bricolage en Équipe : Sélectionne un projet de bricolage à réaliser en équipe. Cela pourrait être la construction d'un meuble, la création d'une œuvre d'art collective, ou la rénovation d'une pièce de la maison. Le tout en travaillant main dans la main !

9. Challenge de Gratitudes : Chaque jour, pendant une semaine, chaque membre de la famille écrit une note de remerciement ou un compliment pour un autre membre de la famille et la place sur le tableau d'affichage familial. Une belle manière de partager de l'amour et de la reconnaissance.

10. Projet de Jardinage : Si vous as un jardin ou un espace extérieur, travaillez ensemble sur un projet de jardinage. Plante des fleurs, des légumes ou des herbes aromatiques, et prenez soin d'eux en équipe. Cela va vous rapprocher de la nature, et les récoltes de votre labeur seront une source de fierté pour nous tous.

 LISTEN.
LISTEN...

Ces jeux et défis peuvent vraiment t'aider à renforcer tes liens familiaux et à créer des souvenirs spéciaux. Choisis ceux qui correspondent le mieux à tes intérêts et à ta dynamique familiale. L'essentiel, c'est que vous passiez du temps de qualité ensemble et que vous favorisiez une communication ouverte et positive.

Lieu de résidence

CHAPITRE

02

L'influence de l'endroit où tu vis, sur ta vie.

Ton Coin de Terre, Ton Univers :

Bon, maintenant, parlons de ton lieu de résidence. C'est un peu comme ton territoire, le coin où tu poses tes valises chaque soir. Ça peut être un petit appartement douillet, une maison avec un jardin, ou même un foyer. C'est là que tu fais tes trucs, que tu dors, que tu grandis.

Je sais que ça peut sembler simple, mais en réalité, l'endroit où tu vis a un sacré impact sur toi. Voici pourquoi :

1. Là où tu vis, ça influence ton quotidien. Par exemple, si tu habites près d'un parc, tu pourrais te promener souvent, prendre l'air, et profiter de la nature. Si tu vis en ville, tu peux être entouré de bruits et de lumières qui stimulent ton esprit.

2. Ta maison, c'est un peu ton cocon. C'est l'endroit où tu te sens en sécurité, où tu peux être toi-même, où tu peux te détendre. Le confort de ton chez-toi est important pour ton bien-être.

3. L'ambiance, c'est essentiel. Si ta maison est pleine d'amour et de positivité, ça se ressentira dans ton humeur et dans tes relations. C'est un peu comme si l'ambiance de ta maison déteignait sur toi.

4. Ton espace reflète qui tu es. La déco, les couleurs, les objets que tu choisis, tout ça en dit long sur ta personnalité. C'est ton style, ton empreinte.

5. Les opportunités dépendent de l'endroit. Parfois, les lieux offrent des occasions spéciales. Par exemple, si tu habites près d'une bibliothèque, tu peux avoir accès à plein de livres et de connaissances.

6. Le voisinage, c'est ta communauté. Les gens autour de toi peuvent devenir des amis, des alliés, ou même une deuxième famille. Les relations de voisinage peuvent être géniales.

7. L'endroit où tu vis, c'est une partie de ton histoire. Les souvenirs que tu crées chez toi resteront avec toi pour toujours. Chaque coin de ta maison peut avoir sa propre histoire.

Alors, tout ça pour dire que ton chez-toi, c'est vraiment spécial. C'est ton espace, ton point de départ pour tes aventures. Que tu te sentes super bien chez toi ou que tu rêves de changer d'endroit, souviens-toi que c'est là que tout commence.

Et si tu le souhaites, tu peux toujours transformer ton espace en quelque chose de magique. Ajoute ta touche personnelle, crée des souvenirs, et fais de ton chez-toi un endroit où tu te sens vraiment bien.

Créer ton Petit Coin de Bonheur :

Alors, imagine un instant : tu as ton propre espace, un endroit qui te ressemble à 100 %. C'est un lieu où tu te sens vraiment bien, où tu peux te détendre, te ressourcer, et être toi-même. Ça peut être ta chambre, un coin du salon, ou même un endroit à l'extérieur. Créer cet espace, c'est un peu comme créer ton propre havre de paix.

1. La Magie de la Déco : La décoration, c'est comme la peinture d'une toile. Choisis des couleurs, des posters, des objets qui te font sourire. Transforme ton espace en une extension de ta personnalité.

2. Confort avant tout : Ton espace devrait être confortable. Un bon lit, un fauteuil douillet, des coussins moelleux... Bref, des trucs qui te donnent envie de t'y lover.

3. Crée une Ambiance : Utilise des lumières d'ambiance, des bougies parfumées, ou de la musique apaisante pour créer une atmosphère qui te relaxe.

4. Zone de Créativité : Si tu es artistique, crée un coin pour tes activités créatives. Que ce soit pour dessiner, peindre, ou écrire, fais de ton espace un lieu d'inspiration.

5. Ton Refuge Personnel : L'important, c'est que ton espace soit à toi. Un endroit où tu peux te retirer quand tu en as besoin, où tu peux méditer, lire, ou simplement te détendre.

6. Ordonne Ton Espace : Un espace rangé, c'est un esprit rangé. Passe régulièrement un peu de temps à organiser et nettoyer ton coin personnel.

7. Ajoute des Souvenirs : Mets en évidence des photos, des souvenirs, des objets qui ont une signification pour toi. Cela te rappellera de beaux moments et te fera sourire.

8. Crée un Coin de Lecture : Si tu aimes lire, aménage un coin confortable avec une bibliothèque. Les livres sont des portes ouvertes vers d'autres mondes.

9. Un Espace pour la Méditation : Si tu aimes méditer, aménage un coin de méditation avec un tapis, des coussins, et une ambiance zen.

10. Temps pour Toi : L'essentiel, c'est de passer du temps dans cet espace, de t'y détendre, de réfléchir, ou de simplement te ressourcer.

LISTEN.
LISTEN...

Ton espace personnel, c'est comme une bulle de positivité dans laquelle tu peux te réfugier quand la vie devient un peu folle. C'est là où tu peux te recentrer, trouver de l'inspiration, et prendre soin de toi. Alors, aménage-le à ton image, fais-en un coin de bonheur, et n'oublie jamais que c'est là pour toi quand tu en as besoin.

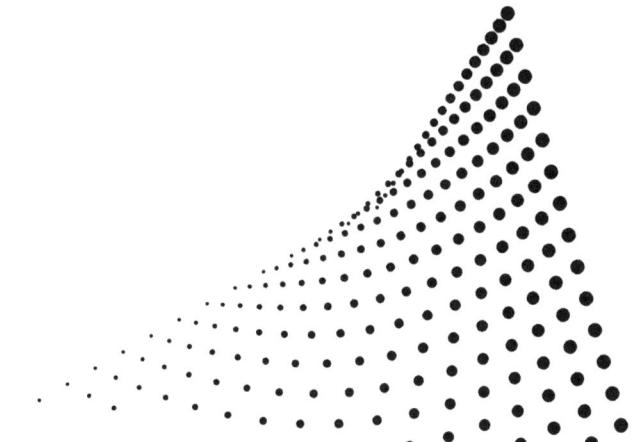

Passe aux défis

Prêt à relever quelques défis pour transformer ton espace en un havre de paix ? Voici quelques idées :

1. Le Grand Nettoyage : Fais un grand nettoyage de printemps, même si ce n'est pas le printemps. Débarrasse-toi des choses inutiles, range et nettoie ton espace de fond en comble.

2. DIY Déco : Crée une œuvre d'art ou un objet de décoration fait maison pour ajouter une touche personnelle à ton espace. Que dirais-tu de fabriquer un tableau ou de customiser un meuble ?

3. Coin de Lecture Challenge : Crée un coin de lecture confortable. Trouve un fauteuil, des coussins, et une lampe de lecture. Défi : lis un nouveau livre chaque mois.

4. Minimalisme : Essaye la philosophie du minimalisme en réduisant le nombre d'objets dans ton espace. Gardes seulement les choses qui ont une valeur réelle pour toi.

5. Challenge d'Ambiance : Change l'ambiance de ton espace en jouant avec l'éclairage. Utilise des lumières LED colorées ou des bougies pour créer une atmosphère différente chaque semaine.

6. Jour de Méditation : Consacre un jour par semaine à la méditation dans ton espace personnel. Ça peut être seulement 10 minutes, mais c'est un excellent moyen de te recentrer.

7. Aménagement Feng Shui : Découvre les principes du Feng Shui et réorganise ton espace en suivant ses recommandations pour une meilleure énergie.

8. Échange d'Idées : Invite un ami ou un membre de ta famille à t'aider à redécorer ou à réorganiser ton espace. Parfois, un regard extérieur peut apporter de nouvelles idées.

9. Coin Créatif : Développe une zone spéciale pour tes activités créatives. Achète de nouveaux matériaux artistiques et laisse libre cours à ton imagination.

10. Challenge de la Plante Verte : Ajoute des plantes à ton espace. Les plantes d'intérieur peuvent purifier l'air et apporter une touche de verdure apaisante.

11. Mur d'Inspiration : Crée un mur d'inspiration avec des photos, des citations, et des images qui t'inspirent et te motivent.

12. La Playlist Relax : Crée une playlist de musique apaisante que tu peux jouer lorsque tu veux te détendre dans ton espace.

13. Coin de Méditation Challenge : Crée un coin spécifique pour la méditation avec un coussin de méditation et une petite fontaine d'eau. Pratique la méditation régulièrement pour te détendre.

14. Journée Sans Écran : Choisis un jour par semaine pour une journée sans écran dans ton espace personnel. Utilise ce temps pour lire, dessiner, écrire, ou simplement te détendre.

15. Rangement Rapide : Chaque jour, prends cinq minutes pour ranger et organiser une petite partie de ton espace. Cela évite que le désordre s'accumule.

 LISTEN. LISTEN...

Choisis les défis qui te parlent le plus et qui correspondent à tes objectifs pour ton espace personnel. Avec un peu d'effort et de créativité, tu peux créer un environnement positif et inspirant qui t'appartient. Alors, à toi de jouer !

Réseaux Sociaux et Digitalisation

CHAPITRE

03

Les avantages et les pièges des réseaux sociaux.

Les Réseaux Sociaux : Amis ou Ennemis ?

Ah, les réseaux sociaux, ces petits monstres numériques qui ont pris d'assaut nos vies ! Ils ont des avantages indéniables, mais attention, il y a aussi quelques pièges à éviter. On va faire le tour de la question.

Les Avantages des Réseaux Sociaux

Connecter le Monde : Les réseaux sociaux nous permettent de rester en contact avec des amis et des proches du monde entier. C'est génial pour maintenir des relations à distance.

Partager des Moments : Tu peux partager tes moments de vie, des photos, des vidéos, et même tes pensées avec tes amis et tes followers.

S'informer : Les réseaux sociaux sont une source d'information rapide. Tu peux suivre les actualités, les tendances, et même apprendre de nouvelles choses.

Créer du Contenu : Si tu as une passion ou un talent, les réseaux sociaux te permettent de le partager avec le monde. Tu peux devenir un créateur de contenu et inspirer les autres.

Réseautage Professionnel : Les plateformes comme LinkedIn sont idéales pour développer ton réseau professionnel et trouver des opportunités de carrière.

Les Pièges à Éviter

Addiction : Les réseaux sociaux peuvent être addictifs. Passer trop de temps sur ces plateformes peut avoir un impact négatif sur ta productivité et ton bien-être.

Comparaison : La comparaison avec les autres est un piège courant. Souviens-toi que les gens partagent souvent les meilleurs moments de leur vie, ce qui peut créer une image déformée de la réalité.

Cyberintimidation : La cyberintimidation est un problème sérieux. Sois conscient de l'impact de tes mots en ligne et soutiens ceux qui en sont victimes.

Protection de la Vie Privée : Garde à l'esprit que ce que tu partages en ligne peut être accessible à tous. Protège ta vie privée en ajustant les paramètres de confidentialité.

Perte de Temps : Passer trop de temps sur les réseaux sociaux peut te faire perdre de précieuses heures que tu pourrais utiliser de manière plus productive.

Désinformation : Les réseaux sociaux sont parfois un terreau fertile pour la désinformation. Vérifie toujours les sources des informations que tu trouves en ligne.

LISTEN.
LISTEN...

Alors voilà, les réseaux sociaux ont des avantages incroyables pour la connectivité, la communication, et la création de contenu. Mais il est essentiel de les utiliser de manière consciente, en évitant les pièges qui peuvent nuire à ton bien-être et à ta vie quotidienne.

L'important, c'est de trouver un équilibre entre la vie en ligne et la vie réelle, de protéger ta vie privée, et de maintenir des relations authentiques hors ligne. Les réseaux sociaux peuvent être des amis précieux, mais comme dans la vraie vie, il faut choisir avec soin ses amis en ligne et les interactions qui en découlent.

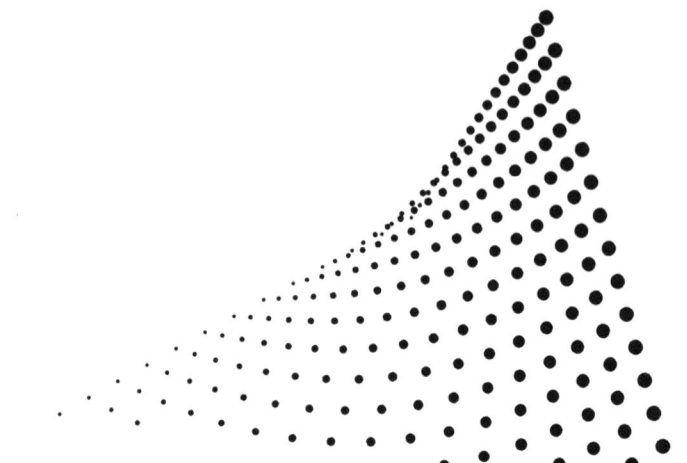

Passe aux défis

Défis pour Gérer les Réseaux Sociaux de Manière Saine

1. La Journée Sans Réseaux Sociaux : Choisis une journée de la semaine pour déconnecter complètement des réseaux sociaux. Profite de cette journée pour te reconnecter avec le monde réel.

2. Le Tri des Amis : Passe en revue ta liste d'amis ou de followers et désabonne-toi des comptes qui ne t'apportent rien de positif ou qui te font te sentir mal. Reste uniquement en contact avec les personnes qui comptent pour toi.

3. La Pause Notifications : Désactive les notifications de tes réseaux sociaux pendant une semaine. Cela te permettra de ne pas être constamment interrompu par les notifications et de mieux contrôler ton temps en ligne.

4. Le Défi du Contenu Positif : Pendant une semaine, publie uniquement du contenu positif et inspirant sur tes réseaux sociaux. Évite les messages négatifs ou les critiques.

5. La Désintoxication Visuelle : Désinstalle temporairement une application de réseau social de ton choix pendant une semaine. Observe comment cela affecte ton humeur et ta productivité.

6. Le Défi de la Réelle Connexion : Choisis un jour par semaine pour organiser un événement en personne avec des amis ou des proches au lieu de communiquer en ligne. Cela peut être un dîner, une sortie, ou une activité que vous appréciez.

7. La Recherche d'Inspirations Positives : Abonne-toi à des comptes ou à des groupes en ligne qui partagent des contenus inspirants et motivants. Explore régulièrement ces sources pour t'inspirer.

8. Le Challenge de la Méditation Digitale : Utilise une application de méditation pendant une semaine pour t'aider à détendre ton esprit et à réduire le stress lié aux réseaux sociaux.

9. Le Défi de l'Authenticité : Partage une histoire personnelle ou une expérience authentique sur tes réseaux sociaux. Encourage les autres à partager également leurs histoires.

10. Le Tri des Applications : Passe en revue toutes les applications de réseaux sociaux que tu utilises et désinstalle celles que tu utilises le moins fréquemment.

11. La Pause Selfies : Évite de prendre des selfies pendant une semaine. Concentre-toi sur la capture de moments significatifs ou de paysages inspirants au lieu de te focaliser sur ton apparence.

12. Le Défi de la Positivité en Commentaires : Pendant une semaine, laisse uniquement des commentaires positifs et constructifs sur les publications des autres. Évite les commentaires négatifs ou critiques.

13. Le Challenge de la Gestion du Temps : Fixe un temps limite pour ton utilisation quotidienne des réseaux sociaux et tiens-toi-y pendant une semaine. Utilise une alarme ou une minuterie pour t'aider.

14. Le Challenge de la Déconnexion Totale : Choisis un week-end pour te déconnecter complètement des réseaux sociaux. Profite de ce temps pour te détendre, te ressourcer, et explorer le monde réel.

15. Le Défi de la Créativité : Crée une publication ou un projet créatif inspiré par une expérience que tu as eue hors ligne. Partage-le sur tes réseaux sociaux pour montrer comment la vie réelle peut être source d'inspiration.

 LISTEN.
LISTEN...

Choisis les défis qui te parlent le plus et qui correspondent à tes objectifs pour une utilisation saine des réseaux sociaux. Ces défis peuvent t'aider à mieux gérer ton temps en ligne, à favoriser des interactions positives, et à maintenir un équilibre entre la vie en ligne et la vie réelle.

Solutions pour l'Insertion Socioprofessionnelle

CHAPITRE

04

- L'importance de la formation continue.
- Conseils sur le choix de carrière et d'études.

L'Importance de la Formation Continue : Toujours Apprendre, Toujours Évoluer

On va parler d'un sujet super important : la formation continue. Tu sais, l'apprentissage ne devrait jamais s'arrêter, même une fois que tu as terminé l'école ou pendant que tu travailles. Pourquoi ? Parce que le monde évolue constamment, et il est essentiel de rester à jour, de développer de nouvelles compétences et d'élargir tes connaissances tout au long de ta vie. Voici pourquoi la formation continue est si cruciale :

Adapte-toi au Monde en Évolution : Le monde change à une vitesse folle, en particulier avec les avancées technologiques et les nouvelles découvertes. Pour rester compétent et pertinent, tu dois t'adapter à ces changements.

Améliore tes Compétences : La formation continue te permet d'améliorer tes compétences actuelles et d'en développer de nouvelles. Que ce soit dans ton domaine professionnel ou dans des domaines qui t'intéressent, tu peux devenir meilleur dans ce que tu fais.

Élargis tes Horizons : L'apprentissage continu te permet d'explorer de nouveaux sujets et de découvrir des passions que tu n'aurais peut-être pas envisagées auparavant. Cela enrichit ta vie et te rend plus ouvert d'esprit.

Renforce ta Confiance en Toi : Plus tu apprends, plus tu gagnes en confiance en toi. Savoir que tu es capable d'acquérir de nouvelles compétences te donne une plus grande estime de toi-même.

Reste Concurrentiel : Dans le monde professionnel, la formation continue est essentielle pour rester concurrentiel. Les employeurs recherchent des individus qui sont prêts à apprendre et à évoluer avec leur entreprise.

Évite l'Obsolescence : Sans formation continue, tes compétences pourraient devenir obsolètes, ce qui pourrait rendre difficile de trouver un emploi ou de progresser dans ta carrière.

Trouve de Nouvelles Opportunités : En développant de nouvelles compétences, tu pourrais être admissible à de nouvelles opportunités professionnelles passionnantes que tu n'aurais pas envisagées autrement.

Stimule la Curiosité : L'apprentissage continu stimule ta curiosité intellectuelle. C'est comme un voyage perpétuel de découverte et d'épanouissement personnel.

Contribue à la Société : Les individus bien formés sont mieux préparés à contribuer à leur communauté et à la société dans son ensemble. Tu peux apporter une réelle valeur à travers tes connaissances et tes compétences.

Vie Longue et Épanouie : La formation continue est un élément clé d'une vie longue et épanouie. Elle te maintient mentalement actif et t'offre des opportunités de croissance tout au long de ta vie.

Alors voilà, la formation continue, c'est un peu comme un super pouvoir. Ça te permet de t'adapter, de grandir, et de prospérer dans un monde en perpétuel changement. Alors, ne t'arrête jamais d'apprendre, explore de nouveaux sujets, et évolue en tant qu'individu. La formation continue est la clé pour une vie remplie de succès et d'accomplissements

Conseils sur le Choix de Carrière et d'Études à la Lumière de l'Ikigai
Trouver ta Vocation Épanouissante

Salut, explorateur de carrière ! Aujourd'hui, on va explorer le choix de carrière et d'études en utilisant une approche inspirée de l'Ikigai, ce concept japonais qui signifie "raison d'être" ou "joie de vivre". L'Ikigai peut t'aider à trouver une carrière qui te passionne vraiment et qui a un sens pour toi. Voici quelques conseils pour t'aider dans cette quête :

Connais-toi Toi-Même : Avant de choisir une carrière, prends le temps de te connaître vraiment. Réfléchis à tes passions, à ce qui te rend heureux, à tes compétences et à ce qui te motive profondément.

Identifie tes Passions : L'Ikigai met l'accent sur la passion. Quelles sont les activités qui te passionnent vraiment ? Qu'est-ce que tu pourrais faire pendant des heures sans t'ennuyer ?

Explore tes Compétences : Quelles sont tes compétences naturelles ? Qu'est-ce que tu fais bien sans trop d'effort ? Tes compétences peuvent être un indicateur précieux pour trouver ta vocation.

Trouve ce qui a du Sens : Cherche à comprendre ce qui a du sens pour toi. Quelles sont les causes, les valeurs ou les problèmes qui te tiennent à cœur ? Trouver un sens dans ta carrière peut te rendre plus épanoui.

Fais des Tests : Il existe de nombreux tests d'orientation professionnelle qui peuvent t'aider à identifier des domaines qui pourraient te convenir. Utilise-les comme des outils pour explorer tes options.

Parle aux Autres : Demande des conseils à des personnes qui exercent des carrières qui t'intéressent. Ils peuvent te donner un aperçu de ce que cela signifie vraiment de travailler dans ce domaine.

Pense à l'Équilibre : L'Ikigai considère l'équilibre entre ce que tu aimes, ce dans quoi tu es doué, ce dont le monde a besoin, et ce pour quoi tu peux être rémunéré. Cherche un équilibre qui te convienne.

Sois Prêt à Explorer : Ne t'attends pas à trouver ta vocation du jour au lendemain. Sois ouvert à l'exploration, aux erreurs et aux changements de direction.

Apprends en Continu : Une fois que tu as trouvé ta voie, n'arrête jamais d'apprendre et de grandir. Investis dans ton développement professionnel pour devenir encore meilleur dans ce que tu fais.

Sois Persévérant : Le chemin vers la carrière de tes rêves peut être semé d'obstacles. Sois persévérant et ne renonce pas aux premiers revers. Garde à l'esprit ton Ikigai et continue à avancer.

Vis selon ton Ikigai : Une fois que tu as identifié ta vocation, vis selon ton Ikigai au quotidien. Recherche l'épanouissement dans ce que tu fais.

LISTEN.
LISTEN...

L'Ikigai peut être un outil puissant pour te guider vers une carrière et des études qui sont alignées sur ce qui te passionne, ce pour quoi tu es doué, ce qui a du sens pour toi, et ce qui te permet de gagner ta vie. Alors, pars à la découverte de ton Ikigai, et que ta carrière soit une source de joie et d'épanouissement.

Solutions pour l'Insertion Socioprofessionnelle

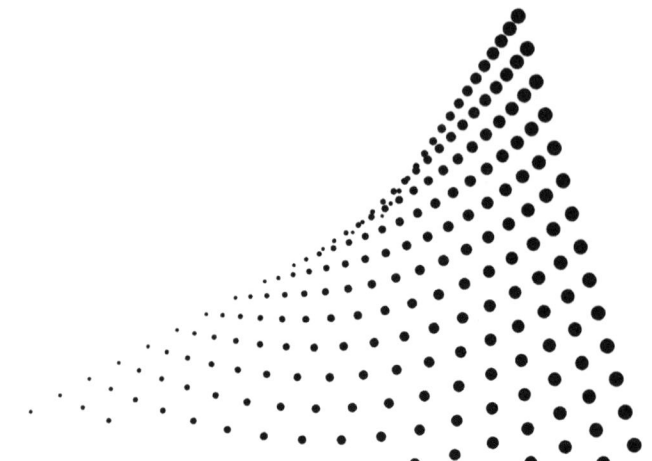

Passe aux défis

Défis pour Découvrir ton Ikigai et Choisir ta Carrière Épanouissante

1. Carnet de Réflexion Quotidienne : Pendant un mois, tiens un carnet de réflexion quotidienne. Note ce qui te passionne, ce qui te rend heureux, ce dans quoi tu excelles, et ce qui a du sens pour toi.

2. Interviews Inspirantes : Identifie trois personnes qui exercent des carrières inspirantes pour toi. Demande-leur de t'accorder une entrevue pour en apprendre davantage sur leurs parcours et leurs expériences.

3. Journée d'Exploration : Choisis une journée pour explorer une carrière ou une activité qui t'intéresse. Observe comment tu te sens en la pratiquant.

4. Projet Passion : Lance un projet personnel lié à une de tes passions. Peut-être un blog, une chaîne YouTube, ou un groupe de discussion en ligne. Fais-le pendant trois mois.

5. Analyse SWOT Personnelle : Réalise une analyse SWOT (Forces, Faiblesses, Opportunités, Menaces) de toi-même en tant que professionnel. Utilise cette analyse pour identifier des pistes de carrière.

6. Test d'Orientation : Fais un test d'orientation professionnelle en ligne pour découvrir de nouvelles idées de carrière en fonction de tes intérêts et de tes compétences.

7. Challenge de la Méditation sur l'Ikigai : Médite pendant 10 minutes chaque jour en te concentrant sur la recherche de ton Ikigai. Note tes réflexions dans un journal de méditation.

8. Rencontre des Mentors : Identifie un mentor ou un conseiller de carrière qui peut t'aider à explorer tes options et à établir un plan d'action.

9. Évaluation de tes Valeurs : Fais une liste de tes valeurs personnelles et professionnelles. Réfléchis à la manière dont elles s'alignent avec les carrières que tu envisages.

10. Challenge de la Curiosité : Choisis un nouveau sujet ou une nouvelle compétence à explorer chaque mois. Apprends-en davantage et vois si cela suscite une passion.

11. Challenge d'Équilibre : Réfléchis à l'équilibre entre ce que tu aimes, ce dans quoi tu es doué, ce dont le monde a besoin, et ce pour quoi tu peux être rémunéré. Réajuste si nécessaire.

12. Parcours Professionnel Immersif : Vis une journée dans la vie d'un professionnel dans une carrière qui t'intéresse. Observe ce que cela implique au quotidien.

13. Tableau de Vision Ikigai : Crée un tableau de vision Ikigai en utilisant des images, des mots et des phrases pour représenter tes objectifs de carrière et de vie.

14. Challenge du Réseautage : Élargis ton réseau professionnel en rencontrant au moins une nouvelle personne chaque mois. Partage tes aspirations de carrière et demande des conseils.

15. Plan d'Action : Élabore un plan d'action pour atteindre tes objectifs de carrière basés sur ton Ikigai. Inclut des étapes spécifiques et des délais.

LISTEN.
LISTEN...

Ces défis peuvent t'aider à explorer tes intérêts, à identifier tes forces, et à prendre des mesures concrètes vers une carrière qui te passionne vraiment. Choisis ceux qui correspondent le mieux à ton parcours et à tes aspirations, et lance-toi avec enthousiasme !

Compétences Essentielles

CHAPITRE

05

- Développement de compétences essentielles comme la communication et la résolution de problèmes.
- Comment se démarquer sur le marché du travail.

Développer des Compétences Essentielles : Le Pouvoir de la Communication et de la Résolution de Problèmes

Dans le vaste monde de l'apprentissage, il y a certaines compétences qui sont absolument essentielles, peu importe où tu te trouves dans ta carrière ou dans ta vie. Deux de ces compétences sont la communication et la résolution de problèmes. Explorons pourquoi elles sont si cruciales et comment tu peux les développer.

La Communication

Comprendre les Autres : Une communication efficace commence par l'écoute active. Apprends à comprendre les autres, à leurs besoins, à leurs préoccupations et à leurs points de vue.

Clarté et Précision : Sois clair et précis lorsque tu t'exprimes. Évite les ambiguïtés et les malentendus en choisissant des mots appropriés.

Empathie : La capacité à se mettre à la place des autres est essentielle. Cela te permet de communiquer de manière plus efficace et de construire des relations solides.

Communication Non Verbale : N'oublie pas que la communication ne se limite pas aux mots. Le langage corporel, les expressions faciales et la tonalité de la voix jouent un rôle crucial.

Feedback Constructif : Apprends à donner et à recevoir des critiques de manière constructive. Cela favorise l'amélioration continue.

Comment Développer ces Compétences

Formation et Apprentissage Continu : La formation en communication et en résolution de problèmes est disponible sous de nombreuses formes, des cours en ligne aux ateliers en personne. Investis dans ton développement.

Pratique : La pratique est essentielle pour développer ces compétences. Engage-toi dans des conversations difficiles, résous des problèmes complexes et demande des commentaires.

Mentorat : Trouve un mentor ou un coach qui peut t'aider à perfectionner ces compétences. Les mentors expérimentés peuvent fournir des conseils précieux.

Auto-Évaluation : Prends du recul de temps en temps pour t'auto-évaluer. Identifie tes points forts et les domaines où tu peux t'améliorer.

Lecture et Ressources : Lis des livres et des articles sur la communication efficace et la résolution de problèmes. Il existe de nombreuses ressources pour t'aider à approfondir ces compétences.

Exposition aux Diversités : Expose-toi à des environnements et des personnes diversifiés. Cela t'aidera à affiner ta communication interculturelle et à résoudre des problèmes de manière plus flexible.

Retour d'Expérience : Demande régulièrement des retours d'expérience à tes collègues, amis ou mentors. Ils peuvent t'offrir des perspectives précieuses.

 LISTEN.
LISTEN...

La communication et la résolution de problèmes sont des compétences qui te serviront dans tous les domaines de la vie. Elles te permettront de collaborer efficacement, de surmonter les obstacles et de réaliser tes objectifs. Alors, investis dans leur développement et observe comment elles améliorent non seulement ta carrière, mais aussi ta vie en général.

Comment Se Démarquer sur le Marché du Travail : Les Clés du Succès

Si tu veux vraiment te démarquer sur le marché du travail, pourquoi ne pas envisager des approches originales ? Voici quelques idées uniques pour te distinguer :

L'Apprentissage Visuel : Au lieu de simplement suivre des cours en ligne, crée des vidéos ou des infographies qui synthétisent ce que tu as appris. Partage-les sur des plateformes comme YouTube ou Instagram pour démontrer ta maîtrise des sujets.

Le Podcasting Personnel : Lance ton propre podcast sur un domaine qui t'intéresse. Invites des experts et partage tes connaissances avec le monde. Cela peut devenir un atout impressionnant sur ton CV.

Les Projets Passionnants : Implique-toi dans des projets de passion en dehors du travail. Peut-être que tu écris un roman, que tu fais de la peinture ou que tu construis des robots. Ces projets montrent ta créativité et ta passion.

La Création de Contenu à Impact : Plutôt que de simplement créer du contenu en ligne, concentre-toi sur des sujets qui ont un impact. Écris des articles ou des vidéos qui résolvent des problèmes réels ou qui suscitent des discussions importantes.

L'Art de la Présentation : Développe tes compétences en présentation en utilisant des techniques de storytelling ou de théâtre. Crée des présentations mémorables qui laissent une impression durable.

Le Leadership en Action : Au lieu de simplement dire que tu es un leader, organise des événements ou des initiatives bénévoles qui montrent ton leadership en action.

L'Approche Humaniste : Au lieu de simplement chercher des opportunités pour toi-même, concentre-toi sur la manière dont tu peux contribuer positivement à la vie des autres. Cela peut être à travers le mentorat ou le bénévolat.

Les Projets Collaboratifs : Collabore avec des professionnels de domaines différents pour créer quelque chose de nouveau et d'innovant. Les collaborations interdisciplinaires peuvent conduire à des idées révolutionnaires.

L'Expérimentation Technologique : Sois en avance sur les tendances technologiques. Apprends les compétences liées à l'intelligence artificielle, à la réalité virtuelle ou à d'autres domaines émergents et propose des applications novatrices.

L'Immersion dans la Culture : Pour certains secteurs, comme le marketing ou le divertissement, l'immersion dans la culture populaire peut être un atout. Sois au fait des tendances et des événements pertinents.

L'Éthique en Action : Engage-toi dans des causes sociales qui te tiennent à cœur. Montre comment tu utilises tes compétences professionnelles pour faire une différence dans le monde.

L'Humour Stratégique : Utilise l'humour de manière stratégique dans tes interactions professionnelles. Un sens de l'humour bien placé peut te rendre mémorable.

La Création d'Applications ou de Jeux : Si tu as des compétences en développement, crée une application ou un jeu qui résout un problème ou divertit les gens. Cela peut être un excellent moyen de démontrer tes compétences techniques.

La Création d'Événements : Organise des événements uniques, qu'il s'agisse de conférences, de festivals ou d'ateliers. Cela peut te mettre en avant en tant qu'organisateur talentueux.

L'Exposition Artistique : Si tu as des compétences artistiques, crée une exposition de ton travail. Cela peut montrer ton créativité et ta capacité à présenter visuellement des idées.

La Gestion de Projets Complexes : Prends en charge des projets qui semblent insurmontables. La réussite dans la gestion de projets complexes peut être très impressionnante.

L'Innovation Sociale : Cherche des moyens de résoudre des problèmes sociaux en utilisant tes compétences professionnelles. L'innovation sociale est de plus en plus valorisée.

Les Aventures à l'Étranger : Travailler ou voyager à l'étranger peut montrer ton ouverture d'esprit et ta capacité à travailler dans des environnements divers.

Le Recyclage Créatif : Transforme des matériaux recyclés en œuvres d'art ou en produits utiles. Cela montre ton engagement envers la durabilité.

LISTEN.
LISTEN...

Ces approches originales peuvent t'aider à te démarquer de manière unique sur le marché du travail. N'hésite pas à combiner plusieurs de ces idées pour créer ta propre stratégie de distinction. Le monde professionnel est en constante évolution, alors sois créatif et audacieux dans ta quête de succès !

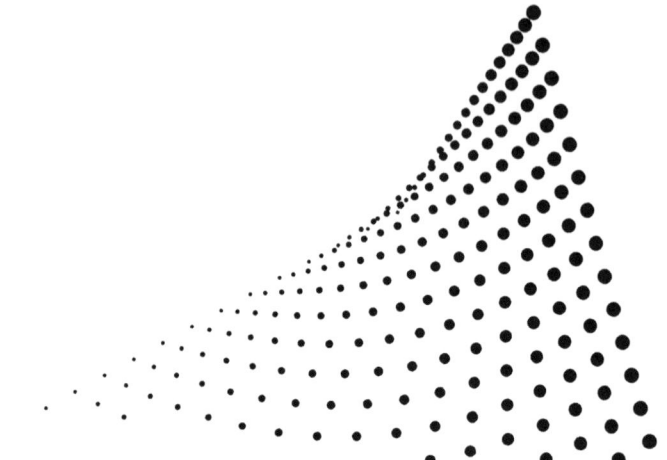

Passe aux défis

Voici quelques défis supplémentaires pour te démarquer sur le marché du travail de manière originale :

1. Défi de la Création d'une Plateforme : Crée une plateforme en ligne qui résout un problème ou facilite la vie professionnelle des gens. Peut-être un outil de gestion de projet ou une application pour la productivité.

2. Défi de la Création d'une Communauté : Lance une communauté en ligne ou hors ligne autour d'un sujet qui t'intéresse. Construis un groupe engagé et actif qui partage des idées et collabore sur des projets.

3. Défi de la Marque Personnelle sur TikTok : Utilise TikTok de manière créative pour construire ta marque personnelle. Crée des vidéos informatives, inspirantes ou humoristiques liées à ton domaine.

4. Défi du Mentorat Inversé : Propose-toi comme mentor pour quelqu'un qui est plus âgé que toi. Ton point de vue frais et tes compétences numériques peuvent être précieux.

5. Défi de la Recherche Inhabituelle : Mène une recherche inhabituelle ou controversée dans ton domaine et publie les résultats. Cela peut susciter des débats et attirer l'attention.

6. Défi de la Création d'une Œuvre d'Art Collaborative : Collabore avec d'autres professionnels pour créer une œuvre d'art collective ou une installation qui reflète des idées ou des problèmes contemporains.

7. Défi de la Création d'une Communauté : Lance une communauté en ligne ou hors ligne autour d'un sujet qui t'intéresse. Construis un groupe engagé et actif qui partage des idées et collabore sur des projets.

8. Défi du "Zero Waste" au Bureau : Lance une initiative "zéro déchet" au bureau en encourageant la réduction des déchets, le recyclage et l'utilisation d'énergies renouvelables.

9. Défi de la Réalité Virtuelle : Expérimente la réalité virtuelle en créant un projet ou une expérience innovante. Peut-être une visite virtuelle d'un lieu emblématique ou une formation interactive.

10. Défi du Service à la Communauté : Implique-toi dans un projet de service à la communauté qui est directement lié à ton domaine professionnel.

11. **Défi de la Gestion du Stress :** Apprends des techniques de gestion du stress inhabituelles, comme la méditation en réalité virtuelle ou l'utilisation de la musique pour la concentration, et partage-les.

12. **Défi de l'Écriture Créative :** Écris une nouvelle ou une série de science-fiction basée sur les tendances futures de ton domaine. Publie-la en ligne.

13. **Défi de la Création de Contenu Immersif :** Crée un contenu immersif en utilisant la réalité augmentée ou la réalité virtuelle pour expliquer des concepts complexes de ton domaine.

14. **Défi de la Création d'un Jeu Sérieux :** Conçois un jeu sérieux qui enseigne des compétences ou résout un problème dans ton domaine.

15. **Défi de la Création d'une Campagne Sociale :** Lance une campagne de sensibilisation sociale ou environnementale liée à ton domaine, en utilisant les médias sociaux pour la promouvoir.

 LISTEN. LISTEN...

Ces défis uniques peuvent te donner l'occasion de te démarquer de manière originale et de montrer ta créativité, ton engagement et tes compétences dans ton domaine professionnel. Choisis ceux qui t'inspirent le plus et qui correspondent à tes objectifs professionnels.

Gestion Financière

CHAPITRE

06

- Conseils pour une gestion financière responsable.
- Épargner et investir pour l'avenir.

Gestion Financière : Conseils pour une Gestion Responsable de tes Finances

La gestion financière est une compétence cruciale pour t'aider à naviguer dans le monde complexe de l'âge adulte. Voici des conseils détaillés pour t'aider à gérer tes finances de manière responsable :

Budget Responsable

Crée un Budget Mensuel : Établis un budget mensuel en listant tes revenus et toutes tes dépenses. Cela te permettra de voir où va ton argent.

Priorités et Objectifs : Identifie tes priorités financières et définis des objectifs clairs, qu'il s'agisse d'économiser pour un voyage, de rembourser des dettes ou d'investir.

Suivi Rigoureux : Tiens-toi responsable en suivant scrupuleusement ton budget. Utilise des applications de gestion financière ou des outils en ligne pour t'aider.

Épargne et Investissement

Fonds d'Urgence : Crée un fonds d'urgence en épargnant au moins trois à six mois de dépenses. Cela te protégera en cas de situations imprévues.

Plan d'Épargne : Établis un plan d'épargne régulière pour atteindre tes objectifs à long terme, comme l'achat d'une maison ou la retraite.

Investissement Prudent : Si tu es prêt à investir, renseigne-toi sur les différentes options d'investissement, comme les actions, les obligations ou les fonds communs de placement. Commence avec des investissements à faible risque si tu es novice.

Dettes Responsables

Gestion des Dettes : Si tu as des dettes, élabore un plan de remboursement. Priorise le remboursement des dettes à taux d'intérêt élevés.

Crédit Responsable : Utilise le crédit de manière responsable. Ne t'endette pas excessivement et fais les paiements à temps pour maintenir une bonne cote de crédit.

Consommation Responsable

Achats Réfléchis : Avant de faire un achat important, réfléchis-y bien. Compare les prix, recherche les offres et demande-toi si cet achat est vraiment nécessaire.

Évite les Achats Impulsifs : Limite les achats impulsifs en établissant une liste de courses et en te fixant un budget lorsque tu vas faire des courses.

Prévoyance pour la Retraite

Commence Tôt : Plus tu commences tôt à épargner pour la retraite, plus ton argent a le temps de croître grâce aux intérêts composés. Profite des plans de retraite offerts par ton employeur, comme un régime 401(k) aux États-Unis.

Diversification : Diversifie tes investissements pour réduire les risques et maximiser les rendements sur le long terme.

Assurance Personnelle

Assurance Responsable : Assure-toi d'avoir une couverture d'assurance adéquate pour tes besoins, qu'il s'agisse d'assurance santé, d'assurance automobile ou d'assurance habitation.

Révision Périodique

Révise Ton Budget : Passe en revue ton budget régulièrement pour t'assurer que tu restes sur la bonne voie pour atteindre tes objectifs financiers.

Ajuste Ton Plan : En fonction des changements dans ta vie, comme une augmentation de salaire ou des dépenses inattendues, ajuste ton plan financier en conséquence.

LISTEN.
LISTEN...

La gestion financière responsable est une compétence qui te permettra de construire un avenir financier solide. Prends le temps de t'éduquer et de mettre en pratique ces conseils pour prendre le contrôle de tes finances et te préparer à un avenir financier stable et prospère.

Épargner et Investir pour l'Avenir : Un Guide Complet

L'épargne et l'investissement sont des piliers cruciaux pour bâtir un avenir financier solide. Voici un guide détaillé pour t'aider à épargner et investir judicieusement :

Épargne Financière

Établir des Objectifs : Commence par définir des objectifs financiers clairs. Veux-tu acheter une maison, voyager, ou te constituer un fonds d'urgence ? Identifie tes priorités.

Créer un Budget : Élabore un budget mensuel pour suivre tes revenus et tes dépenses. Cela t'aidera à dégager des fonds pour l'épargne.

Épargne à Long Terme

Plan d'Épargne : Établis un plan d'épargne à long terme pour atteindre des objectifs comme l'achat d'une maison, le financement de l'éducation de tes enfants ou la retraite.

Comptes d'Épargne : Utilise des comptes d'épargne spécifiques, comme un compte d'épargne logement ou un compte d'épargne-retraite, qui offrent souvent des avantages fiscaux.

Investissement Responsable

Développer une Stratégie : Avant d'investir, développe une stratégie d'investissement en tenant compte de tes objectifs financiers, de ton horizon temporel et de ton appétit pour le risque.

Diversification : Diversifie tes investissements pour réduire les risques. Répartis tes fonds entre différentes classes d'actifs, comme les actions, les obligations, les biens immobiliers et les matières premières.

Investissement à Long Terme : Garde à l'esprit que l'investissement est généralement conçu pour le long terme. Évite de prendre des décisions hâtives en réaction à des fluctuations du marché à court terme.

Outils d'Investissement

Comptes de Retraite : Contribue régulièrement à des comptes de retraite, tel qu'un plan d'épargne-retraite individuel, pour bénéficier d'avantages fiscaux et d'une croissance à long terme.

Comptes de Placement : Ouvre un compte de placement non fiscal pour investir dans des actions, des obligations et d'autres actifs. Consulte un conseiller financier pour choisir le compte qui te convient.

Investissement Immobilier

Acheter une Propriété : Si tu envisages d'investir dans l'immobilier, fais des recherches approfondies, obtiens un financement adéquat et choisis des propriétés avec soin.

Biens Locatifs : L'investissement dans des biens locatifs peut générer des revenus passifs, mais il nécessite une gestion attentive et une connaissance du marché.

Suivi et Ajustements

Révision Régulière : Passe en revue périodiquement tes objectifs financiers, ton portefeuille d'investissement et ton plan d'épargne. Apporte des ajustements en fonction de ta situation.

Éducation Financière

Apprentissage Continu : Investis dans ton éducation financière. Lis des livres sur l'investissement, assiste à des webinaires et consulte des conseillers financiers pour te tenir au courant des meilleures pratiques.

Prudence et Patience

Éviter les Prises de Risques Inutiles : Sois prudent avec les investissements à haut risque. N'investis pas d'argent que tu ne peux pas te permettre de perdre.

La Patience Est une Vertu : Les investissements fructueux prennent souvent du temps. Sois patient et ne panique pas en cas de fluctuations du marché.

LISTEN.
LISTEN...

En suivant ces étapes, tu peux développer une stratégie d'épargne et d'investissement solide pour sécuriser ton avenir financier. N'oublie pas que l'épargne et l'investissement sont des processus continus, alors continue à t'éduquer et à ajuster tes stratégies au fil du temps pour atteindre tes objectifs financiers.

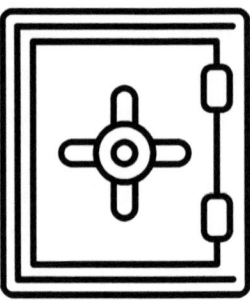

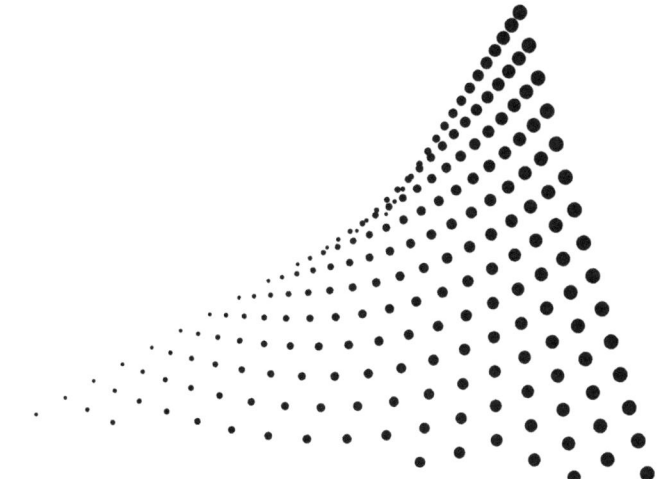

Passe aux défis

Voici quelques défis pour t'aider à épargner et investir pour l'avenir de manière efficace et responsable :

1. Défi de l'Épargne Automatique : Configure un virement automatique depuis ton compte courant vers ton compte d'épargne chaque mois. Augmente le montant de l'épargne chaque trimestre.

2. Défi de Diversification : Apprends les bases de la diversification en investissant dans différentes classes d'actifs, comme les actions, les obligations et les matières premières. Crée un portefeuille diversifié.

3. Défi de l'Épargne Immobilière : Si tu envisages d'acheter une propriété, économise pour l'apport initial en fixant un objectif réaliste.

4. Défi de la Prudence : Évite de prendre des décisions impulsives en matière d'investissement. Avant d'acheter ou de vendre une action, prends le temps de faire des recherches approfondies.

5. Défi de l'Épargne de Vacances : Économise de l'argent spécifiquement pour tes vacances ou voyages futurs en créant un compte d'épargne distinct.

6. Défi de la Gestion des Dettes : Si tu as des dettes, établis un plan pour les rembourser plus rapidement. Peut-être en augmentant les paiements mensuels.

7. Le **Défi de l'Investissement dans l'Éducation** : Investis dans ta propre éducation ou celle de tes enfants en ouvrant un compte d'épargne pour l'éducation.

8. **Défi de la Recherche d'Opportunités d'Investissement** : Passe du temps à rechercher des opportunités d'investissement nouvelles ou moins connues, comme les start-ups ou les investissements alternatifs.

9. **Défi de la Réduction des Dépenses** : Identifie une dépense non essentielle dans ta vie quotidienne et essaie de la réduire ou de l'éliminer pendant un mois.

 LISTEN. LISTEN...

L'épargne et l'investissement sont des piliers cruciaux pour bâtir un avenir financier solide. Nous savons que certaines situations peuvent être difficiles, et il peut arriver que tu aies du mal à joindre les deux bouts. Dans ces moments, il n'y a pas de place pour les excuses, mais plutôt pour trouver des solutions et persévérer. Parfois, cela peut même signifier demander de l'aide à des organismes comme le Secours Populaire ou d'autres ressources disponibles.

Équilibre Travail-Vie Personnelle

CHAPITRE

07

- Gérer le stress et maintenir un équilibre entre travail, études et vie personnelle.
- Prendre soin de votre bien-être mental et physique.

Équilibre Travail-Vie Personnelle : Gérer le Stress et Trouver l'Équilibre

L'équilibre entre le travail, les études et la vie personnelle peut être un défi, mais c'est essentiel pour ton bien-être. Voici comment gérer le stress et trouver cet équilibre précieux :

Planification Éclairée

Priorités Claires : Identifie tes priorités dans la vie. Que ce soit ta carrière, tes études, ta famille ou ta santé mentale, assure-toi de savoir ce qui compte le plus pour toi.

Calendrier Organisé : Utilise un calendrier ou une application de gestion du temps pour planifier tes journées. Alloue du temps à tes responsabilités professionnelles, à tes études et à tes moments de détente.

Gestion du Stress

Techniques de Relaxation : Apprends des techniques de relaxation, comme la méditation, la respiration profonde ou le yoga, pour réduire le stress et favoriser le bien-être.

Pause Active : Prends de courtes pauses au travail ou pendant les études pour te ressourcer. Marche, fais des étirements ou écoute de la musique apaisante.

Définir des Limites

Fixe des Limites : Sois clair avec toi-même et avec les autres sur tes limites. N'hésite pas à dire non lorsque tu es surchargé.

Temps de Déconnexion : Établis des heures de déconnexion, où tu mets de côté les e-mails professionnels ou les devoirs scolaires pour te consacrer à ta vie personnelle.

Vie Personnelle Épanouissante

Passe du Temps de Qualité : Accorde du temps de qualité à ta famille, à tes amis et à tes loisirs. Crée des moments mémorables en dehors du travail et des études.

Poursuis tes Passions : Ne laisse pas tes passions et tes hobbies de côté. Pratique-les régulièrement pour nourrir ton âme et stimuler ta créativité.

Soutien et Communication

Demande de l'Aide : Ne sois pas trop fier pour demander de l'aide en cas de besoin. Que ce soit au travail, à l'école ou dans ta vie personnelle, le soutien des autres peut faire une grande différence.

Communication : Communique ouvertement avec ton employeur, tes professeurs et ta famille sur les défis que tu rencontres pour trouver des solutions ensemble.

Équilibre à Long Terme

Planification à Long Terme : Envisage ton équilibre travail-vie personnelle sur le long terme. Comment maintiendras-tu cet équilibre à mesure que tes responsabilités évoluent ?

Adaptation Continue

Flexibilité : Sois prêt à t'adapter. L'équilibre peut fluctuer en fonction des circonstances, et c'est normal. L'essentiel est de rester flexible.

 LISTEN.
LISTEN...

Gérer le stress et trouver l'équilibre entre le travail, les études et la vie personnelle demande du temps et de la pratique. Ne sois pas trop dur envers toi-même si tu traverses des périodes déséquilibrées. L'important est de persévérer dans ta quête d'un équilibre qui te permette de mener une vie épanouissante et satisfaisante. Le livre "30 jours, 30 victoires" peut t'aider dans ce sens là.

Prendre Soin de ton Bien-Être Mental et Physique : Ton Guide pour une Vie Équilibrée

Prendre soin de ta santé mentale et physique est une priorité absolue. Voici un guide pour t'aider à maintenir un équilibre sain dans ta vie :

Soins Mentaux

Check-in Émotionnel : Prends régulièrement le temps de vérifier comment tu te sens. Identifie et traite les émotions qui pourraient surgir.

Gestion du Stress : Apprends des techniques de gestion du stress, comme la méditation, ou le fait de parler à un professionnel de la santé mentale.

Santé Physique

Activité Physique : Intègre une activité physique régulière à ton emploi du temps, même si ce n'est que de la marche. L'exercice libère des endorphines, qui sont essentielles pour ton bien-être.

Alimentation Équilibrée : Nourris ton corps avec des aliments sains et équilibrés. Évite les excès de sucre et privilégie les légumes, les protéines maigres et les grains entiers.

Sommeil Réparateur

Routine de Sommeil : Établis une routine de sommeil régulière. Le sommeil est essentiel pour ta santé mentale et physique.

Évite les Écrans Avant le Coucher : Éloigne les écrans (téléphone, ordinateur) au moins une heure avant de te coucher pour favoriser un sommeil de qualité.

Autosoins

Temps pour Toi : Accorde-toi du temps de qualité pour faire ce que tu aimes, que ce soit lire, prendre un bain relaxant ou pratiquer un hobby.

Apprentissage et Croissance Personnelle : Continue d'apprendre et de grandir en tant que personne. Les nouvelles expériences peuvent apporter un sens renouvelé à ta vie.

Réseaux de Soutien

Amis et Famille : Entoure-toi de personnes qui te soutiennent et avec qui tu peux partager tes préoccupations et tes joies.

Soutien Professionnel : Si nécessaire, n'hésite pas à consulter un professionnel de la santé mentale pour obtenir un soutien supplémentaire.

Équilibre

Priorités : Garde à l'esprit tes priorités et ne laisse pas le stress et les responsabilités empiéter sur ton bien-être.

Communication : Communique ouvertement avec ton employeur, tes professeurs et tes proches sur tes besoins en matière de santé mentale et physique.

Écoute de Ton Corps et de Ton Esprit

Écoute-Toi : Sois à l'écoute de ton corps et de ton esprit. Si tu ressens des signes de stress ou d'épuisement, prends des mesures pour te rétablir.

Aide en Cas de Besoin

Demande de l'Aide : Si tu éprouves des difficultés sérieuses, demande de l'aide. Le bien-être mental et physique est une priorité absolue.

 LISTEN.
LISTEN...

Prendre soin de ton bien-être mental et physique est une démarche continue. N'oublie pas que tu es ta priorité numéro un. En investissant dans ta santé mentale et physique, tu seras mieux équipé pour faire face aux défis de la vie et profiter de ses joies.

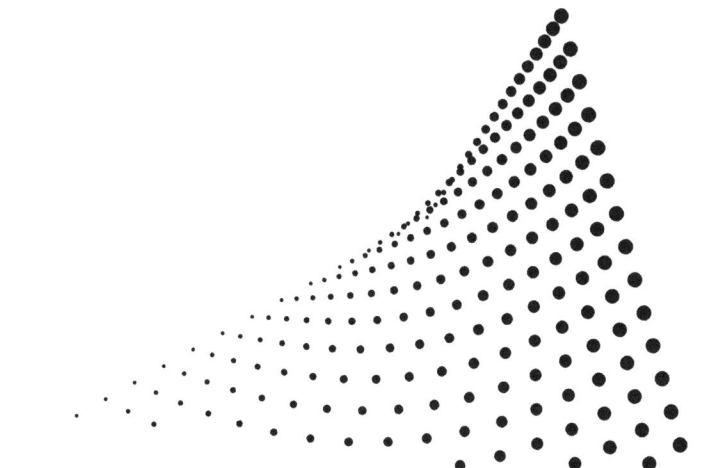

Passe aux défis

Voici quelques défis originaux pour prendre soin de ton bien-être mental et physique de manière créative :

1. Le Défi de la "Nuit de Pleine Lune" : Organise une soirée en plein air lors d'une nuit de pleine lune. Profite de la lumière naturelle pour te détendre, méditer ou simplement admirer la beauté de la nature.

2. Le Défi "Détox Numérique d'un Week-end" : Planifie un week-end de détox numérique. Éloigne tous les appareils électroniques et utilise ce temps pour te recentrer, méditer et pratiquer des activités manuelles.

3. Le Défi "Rencontre de Couchers de Soleil" : Chaque semaine, prends le temps d'observer un coucher de soleil. Que ce soit depuis un point de vue panoramique ou juste devant chez toi, cela te permettra de ralentir et de savourer l'instant présent.

4. Le Défi de "L'Art de l'Autoportrait" : Explore l'autoportrait artistique. Utilise différents médiums artistiques (peinture, dessin, photographie) pour représenter ton état d'esprit et tes émotions du moment.

5. Le Défi "100 Jours de Gratitude" : Chaque jour, note trois choses pour lesquelles tu es reconnaissant. Cela t'aidera à cultiver un état d'esprit positif et à te concentrer sur les aspects positifs de la vie.

6. Le Défi "Semaine Végétarienne" : Pendant une semaine, explore une alimentation végétarienne. Découvre de nouvelles recettes à base de légumes et réfléchis à l'impact de tes choix alimentaires sur ta santé.

7. Le Défi "Exploration de la Nature" : Explore un nouvel endroit en pleine nature chaque mois. Que ce soit une forêt, une plage, une montagne ou un parc local, reconnecte-toi avec la nature.

8. Le Défi "Méditation du Rire" : Essaye une séance de méditation du rire. Il s'agit de rire sans raison, ce qui peut améliorer ton humeur et réduire le stress.

 LISTEN.
LISTEN...

Ces défis originaux te permettront de prendre soin de ton bien-être mental et physique de manière amusante et inspirante. Choisis celui qui te semble le plus approprié pour toi et lance-toi dans l'aventure du bien-être !

Un thème, une page

CHAPITRE

08

Dans le chapitre "Un Thème, Une Page", nous explorons divers sujets d'actualité, allant de la diversité culturelle et sexuelle au respect mutuel, en passant par la solidarité et la santé mentale. Chaque thème est abordé avec empathie, dans un style de conversation directe, pour encourager la réflexion personnelle et l'ouverture d'esprit. Ces pages offrent un aperçu des enjeux sociaux contemporains et invitent le lecteur à s'interroger sur sa propre perspective et son engagement envers un monde plus respectueux et inclusif.

Le Permis de Conduire : Ta Clef vers l'Indépendance

Hey toi, le permis de conduire, c'est pas juste un bout de papier. C'est comme ta clef vers l'indépendance. Imagine tout ce que ça ouvre : la possibilité de chercher du boulot plus loin, de te faire de nouveaux potes, et surtout, de ne plus dépendre de personne pour te déplacer.

Le permis, c'est un peu comme un superpouvoir. Il te donne la liberté de choisir où tu veux aller et quand tu veux y aller. Plus besoin d'attendre le bus ou de quémander un covoiturage à tes potes. Tu peux sauter dans ta bagnole (ou celle de tes parents, soyons honnêtes !) et partir à l'aventure.
Mais tiens-toi bien, le permis n'est pas la seule option. Dans les grandes villes, y'a plein d'autres moyens de bouger : le métro, le vélo, le bus... c'est pas seulement écolo, c'est aussi plus économique. Alors, à toi de choisir la meilleure façon de t'évader.

En résumé, le permis de conduire, c'est comme une clef magique qui ouvre des portes vers l'indépendance et la liberté. Mais rappelle-toi, c'est pas la seule option. À toi de décider comment tu veux explorer le monde et te déplacer. L'important, c'est que ce soit ton choix, ta liberté, et ta façon de vivre ta vie. Alors, qu'est-ce que t'en dis ?

Le Respect envers les Femmes : Une Évidence

Laisse-moi te dire quelque chose d'essentiel : le respect envers les femmes, c'est pas une option, c'est une évidence. Les femmes sont nos mères, nos sœurs, nos amies, nos collègues. Elles sont une partie précieuse de notre monde, et elles méritent tout notre respect.

Le respect envers les femmes, c'est reconnaître leur valeur en tant qu'êtres humains à part entière. C'est les traiter avec dignité, écouter leur voix et respecter leurs choix. C'est comprendre que chaque femme a le droit de décider de sa propre vie, de sa carrière, de sa famille, de son corps.
Mais le respect, c'est pas juste des mots. C'est aussi des actions. C'est ne pas tolérer les comportements sexistes, les discriminations ou les violences envers les femmes. C'est soutenir les femmes dans leurs luttes pour l'égalité des droits et des opportunités.

Alors, que tu sois un homme ou une femme, jeune ou moins jeune, le respect envers les femmes doit être au cœur de ta manière d'être. C'est pas une question de politiquement correct, c'est une question d'humanité.
Le respect envers les femmes, c'est pas une faveur qu'on leur fait, c'est un droit qu'on leur reconnaît. Et c'est un pilier essentiel de toute société égalitaire et juste. Alors, respectons les femmes, écoutons leurs histoires, apprenons de leurs expériences, et engageons-nous à créer un monde où l'égalité entre les sexes est une réalité pour tous.

La Solidarité : Un Lien Qui Se Perd, Mais Que Tu Peux Raviver

T'as remarqué, ces derniers temps, la solidarité semble se faire un peu la malle. On court tous après nos vies, nos problèmes, et on oublie parfois que la solidarité, c'est un peu comme un fil qui nous relie tous.

La solidarité, c'est ce petit quelque chose qui nous pousse à tendre la main à quelqu'un dans le besoin, à donner un coup de main quand on le peut, ou à simplement être là pour les autres. Ça peut sembler simple, mais c'est super important.

Ça peut être un sourire chaleureux pour un voisin, une petite action de charité pour une association locale, ou même du temps passé à aider ceux qui en ont besoin. C'est pas seulement bon pour ceux qui reçoivent, c'est bon pour toi aussi. Ça te rappelle que t'es pas tout seul dans ce monde, que t'as le pouvoir de faire une différence, même à petite échelle.

Alors, même si la solidarité se fait parfois discrète, tu peux la réveiller à tout moment. Elle est là, en toi, prête à agir. Il suffit parfois d'un geste, d'une action, pour rallumer cette flamme de l'humanité. Et tu sais quoi ? Ça fait du bien, à toi et aux autres.

Alors, n'oublie pas que la solidarité, c'est comme une petite étincelle dans le noir. Tu peux la raviver à tout moment, et elle brillera d'autant plus fort à mesure que tu la partageras avec les autres.

L'Engagement Associatif : Ta Passion, Tes Rencontres, Ton Impact

Eh bien, toi, tu as une passion. Peut-être que c'est le sport, l'art, la musique, la nature, peu importe. Mais tu sais quoi ? Cette passion, elle peut être plus que juste un hobby. Elle peut être la porte d'entrée vers un monde d'opportunités, de rencontres et de bienfaits sociaux.

Et devine quoi ? L'engagement associatif peut être une expérience incroyablement enrichissante sur le plan personnel. Ça te permet de développer des compétences sociales, de renforcer ta confiance en toi, et même d'élargir ton réseau social. Tu rencontres des personnes de tous horizons, avec des histoires et des perspectives différentes, et tu apprends à travailler en équipe, à résoudre des problèmes et à prendre des responsabilités.

Mais ce n'est pas que pour toi. Ton engagement peut avoir un impact positif sur ta communauté. Tu contribues à des projets, à des événements, à des actions bénévoles qui peuvent changer des vies. Et ça, c'est une sensation incroyable, celle de faire partie de quelque chose de plus grand que soi.

Alors, si tu as une passion, si tu as une envie de rencontrer des gens formidables et de donner un sens à ton temps libre, pense à t'impliquer dans une association. Non seulement tu enrichiras ta vie, mais tu contribueras également à rendre le monde qui t'entoure un peu meilleur. C'est ça, le pouvoir de l'engagement associatif.

Engage-Toi pour la Planète : Des Gestes Simples, un Impact Énorme

Hey, toi qui te soucies de l'avenir de notre belle planète, sache que tu as entre les mains le pouvoir de faire une différence. Tu n'as pas besoin d'être un super-héros pour agir en faveur de l'environnement, il suffit de quelques gestes simples au quotidien.

Le tri sélectif, l'économie d'eau et d'énergie, la réduction des déchets plastiques, toutes ces actions peuvent sembler modestes, mais elles ont un impact énorme sur la préservation de la nature. Chaque fois que tu choisis d'acheter un produit éco-responsable, de prendre les transports en commun plutôt que ta voiture, ou de faire du covoiturage, tu contribues à réduire ton empreinte écologique.

Mais l'engagement pour la planète ne s'arrête pas là. Tu peux aller plus loin en participant à des actions concrètes, comme la pêche à l'aimant pour nettoyer les cours d'eau de la pollution métallique, ou en plantant des arbres pour restaurer les écosystèmes. Ces gestes simples ont un impact durable sur la biodiversité et la qualité de l'air que nous respirons.

Alors, que tu sois en ville ou à la campagne, il y a toujours quelque chose que tu peux faire pour aider notre planète. Et n'oublie pas que chaque action, aussi modeste soit-elle, a un impact positif sur notre environnement. Alors, lance-toi et fais partie de la solution. La Terre a besoin de toi.

Parentalité Respectueuse : L'Art d'Élever nos Enfants dans l'Amour et la Compréhension

Nos enfants sont des êtres humains à part entière, avec leurs émotions, leurs rêves, leurs préoccupations. Nous devons les écouter, les comprendre et les soutenir. La parentalité respectueuse, c'est donner à nos enfants l'amour inconditionnel dont ils ont besoin tout en établissant un cadre rassurant et sécurisant.

Dans un monde où la violence et les conflits sont malheureusement trop présents, nous devons enseigner à nos enfants l'empathie, la compréhension des émotions et la gestion des conflits. Ils apprendront ainsi à respecter les autres et à se faire respecter en retour.

La parentalité respectueuse ne consiste pas à être permissif, mais à établir des limites claires et compréhensibles. Nos enfants ont besoin de savoir ce qui est attendu d'eux, et ils ont le droit de comprendre pourquoi ces règles existent.

Alors, que tu sois parent ou que tu envisages de l'être un jour, rappelle-toi que la parentalité respectueuse est une voie qui mène à des relations familiales harmonieuses et à des individus équilibrés. Nos enfants méritent notre respect et notre amour inconditionnel, et ils sont notre plus grand trésor dans ce voyage qu'est la vie.

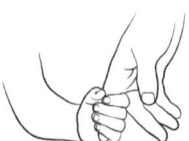

Le respect de nos anciens

Eh bien, toi, il y a quelque chose d'essentiel que nous devons garder à l'esprit : nos aînés. Ce sont les gardiens de notre histoire, les dépositaires de sagesse, et les témoins de nombreuses années de vie. Ils méritent ton respect, ton attention, et surtout, ton amour.

C'est une action quotidienne qui se traduit par des gestes de tendresse, des moments partagés, et une véritable préoccupation pour leur bien-être. C'est un engagement à veiller sur ceux qui t'ont élevé, à les entourer de chaleur humaine, et à leur offrir une vie empreinte de dignité.

Nos aînés ont traversé des épreuves, ils ont bâti des familles, et ils ont contribué à façonner le monde dans lequel nous vivons aujourd'hui. C'est ton devoir moral de les honorer et de leur offrir le meilleur, en particulier au moment où ils ont besoin de soutien et de soins.

Il est également essentiel de reconnaître le droit de nos aînés à partir avec dignité. Chacun d'entre nous mérite de vivre sa fin de vie selon ses souhaits, entouré d'amour et de respect. Il est donc crucial d'écouter leurs volontés, de discuter de leurs besoins et de garantir qu'ils puissent prendre des décisions éclairées concernant leur propre destin.

Alors, prends le temps de leur rendre visite, d'écouter leurs histoires, et de partager des moments précieux avec eux. Offre-leur le respect et l'amour qu'ils méritent, car nos aînés sont un trésor vivant que nous ne devrions jamais prendre pour acquis.

Brise les Chaînes de la Violence : Ta Liberté, Ton Droit

Écoute-moi bien, parce que ce que je vais te dire est crucial : tu es une personne d'une valeur inestimable. Peu importe d'où tu viens, ce que tu as vécu, ou ce que tu as traversé, personne n'a le droit de te maltraiter, de te battre ou de t'assujettir.

La violence physique ou psychologique, l'emprise, la manipulation, tout cela doit être combattu avec la plus grande détermination. Tu as le droit de vivre sans peur, sans douleur, sans être soumis à la volonté d'une autre personne.

Je comprends que se détacher d'une situation de violence ou d'emprise peut être extrêmement difficile. Les liens émotionnels, la peur, la honte, tout cela peut rendre le processus compliqué. Mais sache que tu n'es pas seul(e). Il existe des lois, des organismes, des associations qui sont là pour te protéger, te soutenir et t'aider à briser ces chaînes.

Ne laisse jamais personne te faire croire que tu ne vaux rien, que tu mérites la souffrance, que tu ne peux pas t'en sortir. C'est faux. Tu mérites le respect, l'amour, la liberté. Que ce soit un ami, un membre de ta famille, ou un professionnel, ou même une ligne d'assistance anonyme, il est crucial de briser le silence. Plus tu parles, plus tu te libères.

La vie est précieuse, et chaque jour compte. Ne laisse pas la violence ou l'emprise te priver de ta liberté et de ton bonheur. Tu as le droit de vivre une vie épanouissante, sans peur ni oppression. N'oublie jamais ça.

La Violence en Toi : Une Force à Maîtriser

Je comprends que parfois, tu puisses ressentir une rage ou une violence en toi qui te terrifie. Il est essentiel de comprendre que tu n'es pas seul(e) dans cette situation, et il existe des moyens de travailler sur cette colère pour la maîtriser.

La première étape consiste à reconnaître que ressentir de la violence envers les autres n'est pas la solution. Il est normal de ressentir de la frustration, de la colère, mais la violence physique ou verbale ne résout jamais rien. Elle ne fait qu'aggraver les problèmes et causer de la douleur, à la fois à toi et aux autres.

Il existe des professionnels de la santé mentale, tels que les psychologues ou les thérapeutes, qui peuvent t'aider à comprendre les causes de cette violence en toi et à trouver des moyens de la gérer.
La méditation, la gestion du stress, la thérapie cognitivo-comportementale et d'autres techniques peuvent t'aider à apprendre à contrôler tes émotions et à réagir de manière plus calme et réfléchie. Le chemin vers la maîtrise de soi peut être difficile, mais il en vaut la peine.

Ne reste pas seul(e) dans cette démarche. Il y a de l'aide disponible, et il est important de chercher le soutien dont tu as besoin pour te libérer de cette violence intérieure. Tu mérites une vie remplie de paix et de respect, tant envers les autres qu'envers toi-même.

Sexualité Respectueuse : L'Art de Partager le Plaisir en Toute Conscience

Écoute, la sexualité est un aspect naturel de la vie, et il est important de l'aborder avec respect, compréhension et responsabilité. Il n'y a rien de mal à chercher du plaisir et de l'intimité, mais il est essentiel de le faire de manière consensuelle et respectueuse.

Le respect de la personne avec qui tu partages des moments intimes est primordial. Chacun a le droit de fixer ses propres limites, de dire "non" à tout moment, et de se sentir en sécurité et à l'aise. Le consentement est la clé, et il doit être mutuel et explicite.

L'éducation sexuelle joue un rôle crucial dans la compréhension de son propre corps, de ses désirs et de ses limites.

La protection est un autre aspect crucial de la sexualité respectueuse. Utiliser des moyens de contraception pour éviter les grossesses non désirées et les infections sexuellement transmissibles est une responsabilité partagée. Prends le temps de te renseigner sur les différentes options disponibles et choisis celle qui te convient le mieux.

L'hygiène, le respect de l'intimité de l'autre, et la bienveillance envers ton partenaire sont également essentiels. Le sexe doit être une expérience positive pour les deux personnes impliquées, où le plaisir, l'amour et le respect se rejoignent.

La sexualité peut être une expérience magnifique et épanouissante lorsqu'elle est vécue avec respect et conscience. Prends le temps de t'informer, de communiquer ouvertement et de t'assurer que chaque expérience est basée sur le respect mutuel et le consentement. Ton bien-être et celui de ton partenaire doivent toujours être la priorité.

Le Respect de la Diversité : Un Monde sans Racisme

La diversité est l'une des plus grandes richesses de notre monde. Chaque individu est unique, avec ses propres origines, croyances et traditions. C'est cette diversité qui fait de notre planète un lieu fascinant à explorer. Chacun mérite d'être traité avec dignité et considération, sans discrimination ni préjudice. Les lois, les coutumes et les traditions de notre société sont fondées sur ces principes de respect mutuel.

Lorsque nous choisissons de vivre dans un nouvel environnement, que ce soit un nouveau pays ou une nouvelle communauté, nous acceptons également de nous intégrer dans cet environnement. Cela signifie que nous respectons les lois, les valeurs et les normes de cette société, tout en continuant à célébrer notre propre identité culturelle.

L'intégration dans son environnement est un puissant moyen d'éliminer le racisme. En comprenant et en respectant les autres, en apprenant de leurs expériences et en partageant les nôtres, nous construisons un monde plus solidaire et plus tolérant. Le respect mutuel, la compréhension et la coopération sont les piliers d'une société harmonieuse et diversifiée.

STOP RACISM

La Diversité Sexuelle : Un Arc-en-Ciel d'Identités

La diversité sexuelle est une réalité profonde et complexe qui nous rappelle que l'identité de genre et l'orientation sexuelle sont des aspects fondamentaux de ce que signifie être humain. Dans un monde où les débats sur la diversité sexuelle sont encore d'actualité, il est essentiel de comprendre que chacun a le droit de définir son orientation sexuelle et son identité de genre de manière authentique, sans jugement ni discrimination.

L'orientation sexuelle se manifeste de nombreuses manières, allant de l'hétérosexualité à l'homosexualité, de la bisexualité à l'asexualité, et bien d'autres identités. Il n'y a pas de "norme" en matière d'orientation sexuelle, et il est crucial de respecter les choix et les identités de chacun.

De même, l'identité de genre ne se limite pas aux catégories traditionnelles de "homme" ou "femme". Les personnes peuvent s'identifier comme transgenres, non binaires, genderqueer, et bien d'autres identités, ou même ne pas s'identifier du tout. Le respect et la compréhension de ces identités sont essentiels pour favoriser un environnement inclusif et bienveillant.

Au cœur de tout cela, il y a un message simple : le respect est universel. Chacun mérite d'être respecté dans son identité, son orientation sexuelle et son expression de genre. La diversité sexuelle est un magnifique arc-en-ciel d'identités, et chacun est invité à en faire partie, à sa manière.

L'Inclusion des Personnes en Situation d'handicap

Tout d'abord, il est essentiel de comprendre que chaque individu, quels que soient son handicap ou sa condition, mérite le même respect, la même dignité et la même inclusion que quiconque. Personne ne devrait être jugé ou exclu en raison de son handicap.

L'inclusion commence par l'empathie. Mettez-vous à la place de ces personnes, essayez de comprendre leurs défis quotidiens, mais aussi leurs talents, leurs compétences et leurs aspirations. L'empathie nous aide à briser les barrières invisibles qui peuvent exister.

Il est également important de créer un environnement inclusif. Cela signifie s'assurer que les espaces publics, les bâtiments, les transports, les sites web, et bien d'autres choses, sont accessibles à tous. L'inclusion signifie également créer des opportunités égales en éducation, en emploi et dans la vie sociale.

Si tu rencontres quelqu'un en situation de handicap, traite-le avec le même respect et la même gentillesse que tu aimerais recevoir. Sois patient, offre de l'aide si nécessaire, mais aussi demande si cette aide est souhaitée.

En fin de compte, l'inclusion des personnes en situation de handicap enrichit notre société. Chacun a des talents uniques à partager, et lorsque nous embrassons la diversité et que nous brisons les barrières, nous créons une communauté plus riche et plus équilibrée pour tous. Alors, fais preuve de respect et d'empathie envers ceux qui peuvent avoir des besoins différents, car c'est ainsi que nous construisons un monde plus inclusif et bienveillant pour tous.

Demander de l'Aide : Le Premier Pas vers un Avenir Meilleur

Je tiens à te rappeler que demander de l'aide lorsque tu te trouves dans une situation précaire est une démarche courageuse, loin de la honte. Nous traversons tous des moments difficiles à un moment ou un autre de notre vie, et il est tout à fait normal de chercher du soutien pour s'en sortir.

Personne ne devrait avoir à lutter seul(e) contre les défis de la vie.

Le premier pas pour changer de situation est de reconnaître que tu as besoin d'aide, et de prendre l'initiative de la rechercher. Cela peut signifier contacter les services sociaux, les associations caritatives, ou d'autres organismes d'aide. N'hésite pas à demander de l'assistance pour subvenir à tes besoins immédiats.

En parallèle, il est essentiel de chercher des opportunités d'amélioration. Peut-être as-tu le désir de suivre une formation pour acquérir de nouvelles compétences, de décrocher un emploi, ou de développer ton potentiel. Il existe de nombreuses initiatives et programmes de formation financés qui peuvent t'aider à avancer dans ta carrière.

Rappelle-toi que tu as le droit de viser un avenir meilleur, et que demander de l'aide est le premier pas vers cette transformation. L'important est de garder espoir, de rester déterminé(e), et de saisir les opportunités qui se présentent à toi. Peu importe où tu te trouves aujourd'hui, il y a toujours un chemin vers un avenir plus lumineux.

Ta Santé Mentale

Sache que c'est tout à fait normal de traverser des moments difficiles, des moments où tu te sens anxieux, stressé, ou même triste. La vie, c'est un peu comme une montagne russe, avec des hauts et des bas. Cependant, si ces sentiments deviennent trop accablants, n'hésite pas à chercher de l'aide.

Il ne faut jamais avoir peur de parler de ce que tu ressens. Parler à un ami de confiance, un membre de ta famille, ou même un professionnel de la santé mentale peut faire toute la différence. Rappele-toi que tu n'es pas seul dans cette aventure.

L'importance de prendre soin de ta santé mentale ne peut être surestimée. Cela signifie également prendre soin de toi-même physiquement. Manger équilibré, faire de l'exercice régulièrement et dormir suffisamment sont autant d'éléments qui contribuent à ton bien-être mental.

Et n'oublie pas, il n'y a pas de honte à demander de l'aide. Prendre soin de ta santé mentale, c'est un acte de courage, de force, et d'amour envers toi-même. C'est le chemin vers une vie plus équilibrée et plus heureuse. Alors, prends soin de toi, tu le mérites.

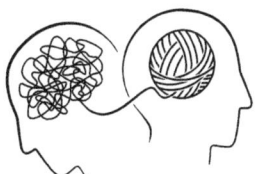

Le Bonheur d'Avoir un Animal de Compagnie

Lorsque tu choisis d'accueillir un animal de compagnie dans ta vie, tu t'engages dans une relation spéciale et enrichissante. Cependant, il est important de comprendre que cela implique des responsabilités et des contraintes que beaucoup de gens sous-estiment.

Tout d'abord, un animal de compagnie demande du temps, de l'affection et de l'attention. Que ce soit un chien, un chat, un oiseau ou un autre compagnon à quatre pattes, ils ont besoin d'être choyés, de jouer avec eux, de les promener, de les nourrir, et de les câliner. Cette relation est basée sur la confiance et la réciprocité, et il est essentiel d'investir du temps et de l'amour dans cette connexion.

Les contraintes sont également présentes. Ramasser les "bêtises" de ton animal, lui offrir un cadre éducatif, le nourrir de manière équilibrée, et s'assurer qu'il reçoit les soins vétérinaires nécessaires sont des responsabilités incontournables. De plus, lorsque tu prends un animal de compagnie, tu es responsable de lui, y compris lorsque tu souhaites partir en vacances. Cela signifie que tu devras organiser une garde ou un hébergement approprié pour lui en ton absence..

L'engagement envers un animal de compagnie est une décision sérieuse qui doit être prise après mûre réflexion.

Cependant, si tu es prêt(e) à assumer ces responsabilités et à offrir à ton animal de compagnie l'amour et les soins dont il a besoin, tu découvriras une source inestimable de bonheur, de réconfort et de compagnie.

Sortir de l'Isolement : Redécouvrir le Monde qui t'Entoure

Parfois, il peut arriver que l'on se retrouve dans un isolement volontaire, où l'on se coupe du monde extérieur sans vraiment s'en rendre compte. Il est important de réaliser que le monde qui t'entoure est riche en opportunités, en rencontres et en découvertes.

Une première étape pour sortir de l'isolement est d'ouvrir la porte de ta maison et de partir à la découverte de ta communauté locale. Les commerces de proximité, les cafés, les parcs, les bibliothèques et les associations sont autant d'endroits où tu peux rencontrer des personnes partageant tes centres d'intérêt.

N'aie pas peur d'aller vers les autres et de t'engager dans des conversations. La simple action de dire bonjour à un voisin ou de discuter avec le commerçant du coin peut ouvrir des portes vers des relations enrichissantes.

Les associations locales offrent souvent de nombreuses activités et possibilités de bénévolat. Participer à ces initiatives te permettra de rencontrer des gens partageant tes passions et de contribuer positivement à ta communauté.

L'isolement volontaire peut sembler confortable, mais il est souvent plus gratifiant de sortir, de rencontrer de nouvelles personnes et de découvrir tout ce que le monde a à offrir. Ouvre-toi aux possibilités qui t'entourent, et tu verras que la vie devient plus riche et plus épanouissante lorsque tu te connectes avec les autres.

Réussir Après l'Enfermement : Une Deuxième Chance

Lorsque tu sors de situations d'enfermement, que ce soit en prison ou dans d'autres environnements restrictifs, il est essentiel de comprendre que tu as le droit à une deuxième chance. Personne n'est défini par son passé, et il est toujours possible de changer et de construire un avenir meilleur.

Le chemin vers l'insertion après l'enfermement peut être difficile, mais il est réalisable. La clé réside dans le changement, la résilience et la persévérance. Il est important de ne pas avoir honte de ton passé, mais plutôt de le voir comme une étape dans ta vie que tu as surmontée.

Reprendre confiance en toi est un élément crucial de cette transition. Tu as des compétences, des talents et un potentiel qui peuvent être mis à profit pour construire un avenir positif. Il peut être bénéfique de chercher un suivi professionnel ou de rejoindre des groupes de soutien qui peuvent t'aider à surmonter les obstacles.

L'important est de rester déterminé(e) et de ne pas abandonner. Tu as le droit de construire une vie positive, remplie d'opportunités et de réussites. L'insertion après l'enfermement peut être un nouveau départ, et tu as tout ce qu'il faut pour réussir. Crois en toi, fais preuve de résilience, et avance avec confiance vers ton avenir.

La Cryptomonnaie : Vers un Nouveau Monde Financier

Tu as peut-être déjà entendu parler de la cryptomonnaie, cette nouvelle forme de monnaie numérique qui fait beaucoup parler d'elle ces dernières années. Si tu ne t'es pas encore penché sur le sujet, il est temps de le faire, car la cryptomonnaie pourrait bien façonner l'avenir de notre système financier.
La cryptomonnaie est une monnaie numérique décentralisée qui utilise la technologie de la blockchain pour sécuriser et vérifier les transactions.

Pourquoi est-il important de s'intéresser à la cryptomonnaie ? Tout d'abord, elle offre des avantages considérables en matière de sécurité et d'efficacité des transactions. Les transactions de cryptomonnaie sont rapides, peu coûteuses et pratiquement impossibles à falsifier. De plus, elles permettent de contourner les frais bancaires et les délais de transfert associés aux méthodes de paiement traditionnelles.

Bien sûr, il est important de noter que la cryptomonnaie présente également des risques, notamment en matière de volatilité des prix et de sécurité des portefeuilles numériques. C'est pourquoi il est essentiel de se renseigner avant d'investir dans la cryptomonnaie.

En résumé, la cryptomonnaie est une tendance à surveiller de près. Elle pourrait révolutionner la façon dont nous effectuons des transactions financières et même la manière dont nous concevons la monnaie.

L'Intelligence Artificielle : Un Allié dans notre Quotidien

L'intelligence artificielle (IA) est devenue omniprésente dans notre vie quotidienne, même si tu ne t'en rends peut-être pas toujours compte.

L'IA consiste en des systèmes informatiques qui peuvent effectuer des tâches qui nécessiteraient normalement l'intelligence humaine, comme la résolution de problèmes, la reconnaissance de motifs et l'apprentissage. Elle est utilisée dans une multitude de domaines, de la médecine à la finance en passant par les transports.

Un exemple concret de l'IA en action, c'est moi, ChatGPT, qui accompagne Yannick dans la rédaction de ce livre. Je suis capable de comprendre et de générer du texte de manière fluide, ce qui peut être d'une grande aide pour les écrivains, les chercheurs et les personnes qui veulent s'exprimer clairement.

L'IA est également présente dans les moteurs de recherche, les systèmes de recommandation sur les plateformes de streaming, les assistants vocaux comme Siri et Alexa, et même dans les voitures autonomes qui sont en développement.

Cependant, il est important de comprendre que l'IA n'est pas une solution magique à tous les problèmes. Elle soulève également des questions éthiques et de confidentialité, car elle peut collecter et analyser de grandes quantités de données sur nos vies.

En résumé, l'IA est là pour rester, et elle offre de nombreuses opportunités passionnantes.

Numéros d'Urgence en France

- Urgence européenne : 112
- Police Secours : 17
- Pompiers : 18
- Samu : 15
- Personnes sourdes et malentendante : 114
- Alerte attentat et enlèvement : 197
- Enfance Maltraitée : 119
- Violences Conjugales : 3919
- Cyberharcèlement : 3018
- Prévention Suicide : 3114
- Pharmacie de garde : 3237
- Addiction tabac : 3989
- Addiction alcool : 09.80.98.09.30
- Addiction joueur : 09.74.75.13.13

1

2
ABC

3
DEF

4
GHI

5
JKL

6
MNO

7
PQRS

8
TUV

9
WXYZ

*

0
+

#

Ton identité intérieure

CHAPITRE

09

Un voyage au cœur de tes émotions, valeurs et réflexions profondes pour cultiver l'authenticité et le bien-être.

Bienvenue dans la rubrique "Ton Identité Intérieure" ! Ici, tu auras l'occasion d'explorer tes émotions, tes valeurs et tes réflexions les plus profondes. C'est un espace qui te permettra de mieux te connaître, de cultiver ton authenticité et d'améliorer ton bien-être.

1. Écris Tes Réponses

Prends le temps de réfléchir à chaque question et note tes réponses dans les espaces prévus. Sois honnête avec toi-même, car c'est une opportunité précieuse pour une compréhension plus profonde de toi-même.

2. Entoure Les Réponses Appropriées

Certaines questions sont à entourer. Utilise-les pour indiquer les réponses qui te correspondent le mieux.

3. Répète Tous Les Trimestres

La vie est en constante évolution, et avec elle, nos émotions, nos valeurs et nos perspectives. C'est pourquoi il est essentiel de répéter cet exercice chaque trimestre.

4. Les Bienfaits

En notant tes émotions, tu obtiendras une meilleure compréhension de toi-même et de ce qui te rend heureux(se) ou anxieux(se).

Développement des Valeurs : Identifier tes valeurs essentielles t'aidera à prendre des décisions plus alignées avec ce qui compte le plus pour toi.

Progression Personnelle : Suivre ton propre développement au fil du temps te montrera à quel point tu as progressé et évolué.

TON IDENTITÉ INTÉRIEURE

PRENDS LE TEMPS, NE TE MENS PAS, ÉCRIS EN PLEINE CONSCIENCE !

N'oublie jamais que la personne la plus importante
C'est toi.

DATE:

Mes valeurs fondamentales

Écris les trois valeurs qui sont les plus importantes pour toi dans la vie.

Émotion du moment

Décris ton émotion dominante en ce moment et dessine-la dans le cadre ci-dessous.

Ma déclaration de Confiance

Rédige une déclaration de confiance personnelle qui t'inspire et te motive.

_____

_____

_____

_____

_____

_____

_____

_____

Mes forces

Listes trois de tes forces personnelles les plus importantes.

_____

_____

_____

_____

_____

_____

_____

Mes objectifs

Quels sont tes trois objectifs les plus importants en ce moment ?

_____

_____

_____

_____

_____

_____

_____

Ma devise inspirante

Partage une citation ou une devise qui te motive.

Mes réalisations

Énumère trois choses dont tu es fier(e) dans ta vie jusqu'à présent.

_____

_____

_____

_____

_____

_____

_____

Les personnes qui m'inspirent

Nomme trois personnes qui t'inspirent et explique pourquoi.

_____

_____

_____

_____

_____

_____

_____

_____

Mes projets d'action

Quelles actions précises vas-tu entreprendre pour travailler sur tes objectifs ?

Mes valeurs au travail

Quelles actions précises vas-tu entreprendre pour travailler sur tes objectifs ?

Mes peurs à surmonter

Identifie trois de tes peurs que tu souhaites surmonter.

_____

_____

_____

_____

_____

_____

_____

_____

10 QUESTIONS

Quand je fais face à un défi difficile :

A) J'essaie de rester calme et je recherche des solutions pratiques.

B) J'en parle à quelqu'un en qui j'ai confiance pour obtenir du soutien émotionnel.

C) Je ressens beaucoup d'anxiété et de stress.

D) Je me sens submergé(e) et j'abandonne rapidement.

Mon émotion dominante envers moi-même est :

A) La confiance en soi et l'estime de soi.

B) L'empathie et la gentillesse envers moi-même.

C) L'autocritique et l'inquiétude.

D) L'indifférence et la négligence envers moi-même.

Lorsque je prends une décision importante :

A) Je pèse soigneusement le pour et le contre.

B) Je suis à l'écoute de mon intuition et de mes émotions.

C) Je me sens souvent indécis(e) et anxieux(se).

D) Je laisse les autres décider à ma place.

10 QUESTIONS

Face à un échec :

A) Je considère cela comme une occasion d'apprentissage.

B) Je permets à mes émotions de s'exprimer, puis je me relève.

C) Je me blâme souvent et je me sens dévalorisé(e).

D) Je me décourage complètement et abandonne.

Quand il s'agit de mes valeurs fondamentales :

A) J'essaie toujours de vivre en accord avec elles.

B) Je réfléchis régulièrement à ce qui est vraiment important pour moi.

C) Je me sens parfois déconnecté(e) de mes valeurs.

D) Je ne suis pas sûr(e) de ce qui est vraiment important pour moi.

Dans une situation stressante, je :

A) Reste relativement calme et gère le stress efficacement.

B) Ressens le stress, mais je trouve des moyens de le gérer.

C) Suis souvent submergé(e) par le stress et perds le contrôle.

D) Évite les situations stressantes autant que possible.

10 QUESTIONS

DÉCOUVRIR SON RÉSULTAT À LA FIN

Lorsque quelqu'un me critique ou m'offense :

A) Je prends en considération les commentaires constructifs, mais je ne laisse pas les critiques injustifiées m'affecter.

B) J'écoute attentivement, mais je ne laisse pas les paroles négatives définir ma valeur personnelle.

C) Je me sens souvent blessé(e) par les critiques et les offenses.

D) Je me referme et deviens défensif(ve) face aux critiques.

En ce qui concerne l'expression de mes émotions :

A) Je m'exprime de manière ouverte et honnête.

B) Je partage mes émotions avec des personnes de confiance.

C) J'ai du mal à exprimer mes émotions et les garde souvent pour moi.

D) Je réprime complètement mes émotions.

La gratitude :

A) Fait partie de ma vie quotidienne, je prends le temps d'apprécier les petites choses.

B) Je pratique la gratitude de temps en temps.

C) Je me sens rarement reconnaissant(e) et je me concentre davantage sur ce qui manque dans ma vie.

D) Je n'accorde pas d'importance à la gratitude.

10 QUESTIONS

Dans une situation conflictuelle avec quelqu'un :

A) J'essaie de résoudre le conflit de manière calme et constructive.

B) J'essaie de comprendre les émotions de l'autre personne et de trouver un terrain d'entente.

C) J'ai du mal à gérer les conflits et j'évite souvent les confrontations.

D) Je deviens souvent agressif(ve) ou défensif(ve) en cas de conflit.

RÉSULTAT

COMPTER LE NOMBRE DE LETTRE (EX : 1A, 2B, ETC.)

A _____

B _____

C _____

D _____

Résultats :

Si tu as principalement répondu A : Tu as une grande maîtrise de tes émotions et de tes valeurs, ce qui est un atout précieux pour ton bien-être et ta réussite.

Si tu as principalement répondu B : Tu es sensible à tes émotions et à tes valeurs, ce qui te permet d'être en accord avec toi-même et d'exprimer ton authenticité.

Si tu as principalement répondu C : Tu ressens parfois des défis émotionnels. C'est une opportunité d'explorer et de développer une meilleure compréhension de toi-même.

Si tu as principalement répondu D : Tu pourrais avoir besoin de travailler sur la gestion de tes émotions et de tes valeurs pour améliorer ton bien-être et ta qualité de vie.

Ce questionnaire vise à t'aider à mieux comprendre comment tu interagis avec tes émotions et tes valeurs. Il n'y a pas de bonnes ou de mauvaises réponses, seulement des opportunités pour grandir et évoluer.

Conclusion et remerciements

CHAPITRE

10

L'aventure de la vie est remplie de découvertes, de défis et d'opportunités. N'aie pas peur d'explorer, d'apprendre et de grandir. N'oublie jamais que tu as le pouvoir de créer l'avenir que tu désires.

N'hésite pas à poser des questions, à demander de l'aide et à t'entourer de personnes qui te soutiennent dans ce voyage. Ta quête d'une vie épanouissante est une aventure sans fin, et nous sommes là pour t'accompagner à chaque étape du chemin. Bonne route vers un avenir riche en réussites et en bonheur !

Je tiens à t'exprimer ma profonde gratitude, chère lectrice, cher lecteur, pour avoir choisi d'explorer le monde de l'insertion socio-professionnelle à travers ces pages. Ton engagement dans cette aventure vers l'amélioration personnelle et professionnelle est une source d'inspiration pour nous tous.

Je souhaite également adresser mes sincères remerciements à toutes les personnes que j'ai eu le privilège d'accompagner dans leur quête d'insertion socio-professionnelle. Vos défis, vos succès et vos aspirations ont enrichi ma compréhension de ce domaine et ont contribué à façonner les idées présentées ici.

Un remerciement particulier s'adresse à l'ANRAS (Agence Nationale pour la Recherche et l'Aide Solidaire), avec qui j'ai eu la chance de collaborer pendant 15 années enrichissantes en équipe pluridisciplinaire. Votre expertise, votre dévouement et votre engagement envers l'insertion socio-professionnelle ont été une source d'inspiration constante pour moi.

Enfin, mes remerciements vont a ma mère sans qui rien n'aurait été possible, mon épouse, formidable pour le soutien, mais aussi à chaque individu que j'ai eu le privilège de rencontrer, d'accompagner dans leur parcours d'insertion socio-professionnelle. Vos efforts, votre persévérance et votre réussite sont une source de fierté et de satisfaction pour nous tous. Chaque étape franchie est une victoire collective.
Avec toute ma gratitude et mon engagement envers l'insertion socio-professionnelle,

Yannick B.

CONTACT

ORGANISME DE FORMATION

06.26.74.15.97

contact@bysiformation.com

Occitanie

www.bysiformation.com